W0046500

VANESSA VON HILCHEN

FOTOGRAFIE: CHIARA DOVERI | VANESSA VON HILCHEN

Die
Kleinschmeckerin

VANESSA VON HILCHEN

FOTOGRAFIE: CHIARA DOVERI | VANESSA VON HILCHEN

Die
Kleinschmeckerin

QUALITÄTS
G|U
GARANTIE

DIE GU-QUALITÄTS-GARANTIE

Wir möchten Ihnen mit den Informationen und Anregungen in diesem Buch das Leben erleichtern und Sie inspirieren, Neues auszuprobieren. Bei jedem unserer Bücher achten wir auf Aktualität und stellen höchste Ansprüche an Inhalt, Optik und Ausstattung. Alle Rezepte und Informationen werden von unseren Autoren gewissenhaft erstellt und von unseren Redakteuren sorgfältig ausgewählt und mehrfach geprüft. Deshalb bieten wir Ihnen eine 100%ige Qualitätsgarantie.

Darauf können Sie sich verlassen:
Wir legen Wert darauf, dass unsere Kochbücher zuverlässig und inspirierend zugleich sind.
Wir garantieren:
• dreifach getestete Rezepte
• sicheres Gelingen durch Schritt-für-Schritt-Anleitungen und viele nützliche Tipps
• eine authentische Rezept-Fotografie

Wir möchten für Sie immer besser werden:
Sollten wir mit diesem Buch Ihre Erwartungen nicht erfüllen, lassen Sie es uns bitte wissen! Wir tauschen Ihr Buch jederzeit gegen ein gleichwertiges zum gleichen oder ähnlichen Thema um. Nehmen Sie einfach Kontakt zu unserem Leserservice auf. Die Kontaktdaten unseres Leserservice finden Sie am Ende dieses Buches.

GRÄFE UND UNZER VERLAG
Der erste Ratgeberverlag – seit 1722.

Inhaltsverzeichnis

Zubereitungsschritte, bei denen die Kleinen ganz groß mithelfen können, sind in den Rezepten mit KINDERLEICHT gekennzeichnet.

Bei den Portionsangaben entsprechen zwei Kinderportionen einer Erwachsenenportion.

Die Kleinschmeckerin

Mein unverrückbares Prinzip lautet: Essen muss gesund sein UND gut schmecken!

Die Kleinschmeckerin, das bin ich, Vanessa, 30 Jahre alt, Bloggerin, Ernährungsberaterin, Ehefrau, Mutter und noch vieles mehr … Mit meinem Mann David und meinem vierjährigen Sohn Johannes lebe ich in Berlin. Meiner Heimatstadt. Ich komme aus einem Stadtrandbezirk am südlichsten Zipfel Berlins. Dort haben David und ich uns mit süßen 14 Jahren kennengelernt. Nun wächst unser Sohn in der Nähe auf. Wir sind also so was wie die Dorfis von Berlin und ich liebe es, mich jeden Tag zwischen freier Natur und turbulenter City entscheiden zu können. Ich kann weder ohne das eine noch ohne das andere sein. Kompromisse gehe ich nur ungern ein. Das spiegelt sich auch in meiner Art zu kochen wider.

Früh übt sich …

An meine Kindheit erinnere ich mich als eine Zeit, in der ich dauernd Appetit hatte. Oft lief ich schon kurz nach dem Frühstück zum Kühlschrank, um mir einen

Snack zu genehmigen. Wenn meine Mutter mich ertappte, lachte sie und sagte: »Menschenskind, du bist für uns ein echter Kostenfaktor!« Auch heute fällt dieser Satz noch hin und wieder und ist dann meist scherzhaft an Johannes gerichtet. Optisch gleicht er zwar eins zu eins dem Papa, aber seinen Appetit und seine Leidenschaft für gutes Essen hat er definitiv von mir geerbt.

Ich verbrachte als Kind Stunden damit, die Kochbücher meiner Mutter zu wälzen, mir Rezepte auszudenken und meine Familie mit kleinen Gerichten zu bekochen. Als ich acht oder neun Jahre alt wurde, bekam ich einen Kinderherd geschenkt. Fortan kredenzte ich mir fast täglich eine Portion selbst gekochten Haferbrei, für mich damals das leckerste Essen der Welt. Wenn ich meinem Sohn heute zum Frühstück Haferbrei koche, denke ich stets an diese glückliche Zeit zurück.

Und das ist es auch, was ich am Essen so liebe. Essen ist mehr als die bloße Nahrungsaufnahme. Gutes Essen gibt uns ein Gefühl von Heimat und Vertrautheit oder es entführt uns in eine neue Welt voller unbekannter Aromen und Gerüche. Für Johannes zu kochen, heißt für mich, ihm zu zeigen, wie sehr ich ihn liebe und wie wichtig es mir ist, dass es ihm gut geht.

Gemeinsam genießen

Dieses Buch soll Dir als Inspiration dienen, um gemeinsam mit Deinen Kindern die bunte Welt des gesunden Essens zu entdecken. Alle Gerichte wurden von Johannes, meinem strengsten Kritiker, und Kindern aus unserem Freundeskreis getestet und für lecker befunden. Ich habe darauf geachtet, dass sie leicht umzusetzen und für den Familienalltag geeignet sind. Bei vielen Rezepten habe ich markiert, wie Kinder mithelfen können. Wenn Du meinen Blog kennst, werden Dir einige Rezepte bekannt vorkommen. Viele davon habe ich überarbeitet und es lohnt sich, erneut einen Blick darauf zu werfen. Ich wünsche Dir und Deinen Kindern viel Spaß beim Kochen und Genießen!

Mein Weg zu einem gesunden Essverhalten

Schon als Kind war ich eine leidenschaftliche Esserin.
Mit zunehmendem Alter wurde dies aber zu einem Problem.

Obwohl in meinem Elternhaus gern und gut gegessen wurde, war ausgewogene Ernährung ein zweitrangiges Thema. Bio-Vollwertkost wurde damals nur mit den ganz harten Hippie-Öko-Familien in Verbindung gebracht. Bei uns hingegen standen nicht selten Fertigprodukte, Süßigkeiten und Limonade auf dem Speiseplan. So war es keine Überraschung, dass ich als Jugendliche plötzlich mit meinem Gewicht zu kämpfen hatte. Ich litt unter meinen überflüssigen Pfunden und wurde in der Schule gehänselt. Und das, obwohl ich medizinisch gesehen eigentlich gar nicht übergewichtig war.

Meine Eltern ließen sich zur selben Zeit scheiden, wodurch die seelische Belastung noch größer wurde. Ich sah die Lösung all meiner Probleme im Abnehmen und hörte von heute auf morgen einfach auf zu essen. Innerhalb kürzester Zeit magerte ich ab und verlor meine Lebensenergie und mein Selbstbewusstsein. Meine Eltern wandten in ihrer Hilflosigkeit die unterschiedlichsten Methoden an, um mich wieder zum Essen zu bewegen.

Meine Mutter versuchte es mit Verhandlung und Belohnung, während mein Vater Strenge und Disziplin als das Mittel der Wahl ansah. Beides schlug fehl.

Bewusst leben

Erst mit Anfang 20 fand ich wieder zu einem normalen Essverhalten zurück und meine vergessene Leidenschaft für das Kochen und den Genuss flammte erneut auf. In einem langen, intensiven Prozess entdeckte ich mich und meinen Körper komplett neu und entwickelte langsam, aber stetig ein Verständnis dafür, welche Lebensmittel ihm guttun, welche ihm schaden und wie ich auf der Grundlage einer vollwertigen und naturbelassenen Ernährung ein gesundes Gleichgewicht in mir schaffen kann.

Dies war für mich der Beginn meiner Reise zu einer bewussteren Lebensart, die sich mit der Geburt von Johannes noch intensivierte und die sicher noch längst nicht abgeschlossen ist.

Sich selbst lieben

Warum ich das alles erzähle? Weil es in diesem Buch um viel mehr geht als darum, Kinder gesund zu ernähren. Es geht darum, ihnen zu zeigen, wie wertvoll sie sind, dass sie geliebt werden und sich selbst lieben dürfen.

Durch meine eigene Geschichte habe ich deutlich erkannt, dass unsere Lebensweise die unserer Kinder nachhaltig prägt. Insbesondere in ihren ersten Lebensjahren spiegeln sie unser Verhalten wider. Sie ahmen uns nach, weil wir in ihren Augen stets alles richtig machen. Wenn wir uns gesund ernähren, vermitteln wir unseren Kindern: »Schau mal, ich habe mich selbst lieb und mein Körper ist wertvoll. Deshalb gebe ich ihm, was er braucht und was ihm guttut.«

Damit unsere Kinder eine gesunde Beziehung zum Essen und vor allem zu sich selbst entwickeln können, sollten wir also bei uns selbst anfangen und unsere eigenen Essgewohnheiten immer wieder kritisch hinterfragen.

Natürlich genießen – so essen wir

Als Eltern können wir nur vorleben, was wir selbst für richtig halten. Was unsere Kinder letztlich daraus machen, entscheiden sie selbst. Das ist unser Credo.

Gesund kochen für Kinder ist sicher eine Herausforderung, aber kein Hexenwerk. Das Rad muss dafür nicht komplett neu erfunden werden. Es reicht, sich an ein paar Grundsätze zu halten, die vielleicht zu Beginn ungewohnt sein werden, aber schon nach kurzer Zeit in Fleisch und Blut übergehen. Deine Kinder werden nach diesen Prinzipien aufwachsen, sie als vollkommen normal empfinden und deshalb nichts vermissen. Das ist das Ziel.

Zutaten mit Bedacht auswählen

Gesunde Ernährung fängt bei den richtigen Zutaten an. Ich achte darauf, dass sie so naturbelassen wie möglich sind und nicht industriell verändert oder verarbeitet wurden. Ein Trick, um Dir den Einkauf zu erleichtern: Lies Dir die Zutatenlisten auf den Verpackungen durch und kaufe keine Produkte, die irgendetwas enthalten, das Du nicht kennst oder nicht aussprechen kannst. Merkwürdige Begriffe

oder Abkürzungen stehen in den meisten Fällen für unnatürliche Zusätze.

Zu Hause koche ich ausschließlich vegetarische und vegane Gerichte und daher wirst Du auch nur solche in diesem Buch finden. Aber wir möchten Johannes diese Ernährungsweise nicht aufzwingen. Noch ist er zu jung, um in letzter Konsequenz nachzuvollziehen, wie Fleisch und Wurst produziert werden. Wenn es so weit ist, wird man sehen, ob er sich vegetarisch ernähren möchte oder nicht. Für uns ist in erster Linie entscheidend, dass er ein eigenes Bewusstsein dafür entwickelt, welche Lebensmittel ihm guttun und wie diese hergestellt und verarbeitet werden.

Darüber hinaus zeigen wir Johannes, dass unsere Art zu leben keine Selbstverständlichkeit ist, sondern ein großes Glück. Wir versuchen, mit Bedacht und mit Achtung vor Tieren und Pflanzen zu konsumieren und so nachhaltig und fair wie möglich einzukaufen und zu kochen. Daher verbringen wir gemeinsam viel Zeit auf Bauernhöfen, Wochenmärkten und natürlich in der Küche.

Auf Freiwilligkeit setzen

Es gibt bei uns keine Verbote oder starren Dogmen. Johannes darf alles probieren und essen, was ihm schmeckt. Im Kindergarten isst er hin und wieder Fleisch und Fisch und auf Geburtstagen darf er natürlich auch mal zu Schokoladenkuchen oder Gummibärchen greifen. Und obwohl er Süßigkeiten kennt und gerne isst, fehlen sie ihm zu Hause nicht. Denn wie Du im Kapitel »Süßes für die Seele« (siehe Seite 106) entdecken wirst, naschen wir sogar viel und ausgiebig. Dafür verwende ich allerdings natürliche Süßstoffe. Fertigprodukte oder stark raffinierte Zutaten wie Kristallzucker und Weißmehl gibt es in unserer Küche nicht. Sie liefern kaum gute Inhaltsstoffe, lassen sich aber ganz wunderbar durch gesündere Alternativen ersetzen (siehe Seite 13 und 16).

Alles, was ich selbst machen kann und wofür ich die Zeit finde, mache ich selbst. Aber keine Sorge, Du wirst meine Rezepte trotzdem ohne großen Aufwand in Deinen Familienalltag integrieren können.

Mein Vorratsschrank

Damit Du einen Eindruck davon bekommst, was Dich in diesem Buch erwartet und wie mein Ernährungskonzept zu verstehen ist, stelle ich Dir hier kurz einige Lebensmittel vor, die wir zu Hause meist vorrätig haben und die ich gerne verwende. Es gibt sie in gut sortierten Supermärkten oder in Bioläden. Manche Produkte findest Du in Onlineshops auch zu einem günstigeren Preis.

Sattmacher

In unserer Küche gibt es unzählige Sorten von Getreide, Pseudogetreide und Hülsenfrüchten. Neben einer Vielzahl an Vitaminen und Mineralstoffen liefern sie uns viele Ballaststoffe und sorgen dadurch für eine gesunde Verdauung und ein lang anhaltendes Sättigungsgefühl.

GETREIDE UND GETREIDEPRODUKTE
Reis, Nudeln und Getreide sind aber viel mehr als reine Sättigungsbeilagen. Wir schätzen unter anderem HIRSE als ausgezeichnete Quelle für Eiweiß, Eisen, Magnesium und Vitamin C. Bei Reis bevorzugen wir den ungeschälten und unpolierten NATUR-REIS, weil in ihm alle wertvollen Nährstoffe des Reiskorns erhalten geblieben sind. Und natürlich dürfen NUDELN niemals fehlen. Ich verwende meist Vollkornnudeln aus Weizen oder Dinkel. Hin und wieder gibt es auch glutenfreie Kichererbsen- oder Linsennudeln.

PSEUDOGETREIDE
Pseudogetreide ist vor allem bei Glutenunverträglichkeit eine prima Alternative zu normalem Getreide. Wir lieben den besonders ballaststoffreichen AMARANT, gepoppt als Topping auf Müsli oder auf Joghurt. Auch QUINOA, die wie Reis gekocht wird und uns mit viel wertvollem pflanzlichem Eiweiß versorgt, kommt regelmäßig auf unseren Tisch.

HÜLSENFRÜCHTE

Hülsenfrüchte sind extrem eiweißreich und damit für Vegetarier und Veganer besonders wertvoll. LINSEN, die uns zudem mit vielen B-Vitaminen versorgen, verwende ich vor allem für Eintöpfe und indische Gerichte. Auch KICHERERBSEN mit ihrem hohen Gehalt an Kalium, Kalzium und Eisen sowie die magnesiumreichen KIDNEYBOHNEN sind ein regelmäßiger Bestandteil unserer Ernährung. Sojaprodukte wie TOFU schätze ich als Ballaststoffquelle und für ihre Vielseitigkeit.

Backzutaten – Mehle & Co.

Beim Backen verzichte ich auf helles Mehl, da es wegen der starken Verarbeitung kaum wertvolle Inhaltsstoffe, aber viele leere Kalorien enthält. Stattdessen greife ich auf gesündere Alternativen zurück: VOLLKORN-DINKELMEHL ist mein Favorit für Kuchen und Brötchen. Es begeistert uns durch seinen kräftigen nussigen Geschmack. ROGGEN-MEHL eignet sich besonders für Brote wie mein geliebtes Knäckebrot. Eine glutenfreie Alternative zu Getreidemehlen sind Mehle aus Pseudogetreide wie BUCHWEIZENMEHL, das ich gern für weihnachtliches Gebäck verwende, oder KOKOSMEHL, das eine feine natürliche Süße mitbringt.
Auch eiweißreiche HAFERFLOCKEN, mein liebster Allrounder in der gesunden Küche, gehören in unseren Vorratsschrank. Gemahlen verwende ich sie für Kuchen, Waffeln und Muffins. Außerdem wichtig beim Backen: WEINSTEINBACKPULVER. Im Gegensatz zu herkömmlichem Backpulver enthält es für die treibende Wirkung als Säurungsmittel statt Phosphat natürliche Weinsteinsäure.

Nüsse, Kerne und Samen

Damit eine vegetarische Ernährung gesund und vollwertig ist, sollten möglichst täglich Nüsse, Kerne und Samen auf dem Speiseplan stehen.

NÜSSE

Nüsse sind ein Toplieferant für Vitamine, pflanzliches Eiweiß, Mineralstoffe und Fette. So sorgt in WALNÜSSEN das ausgewogene Verhältnis von Omega-3- und Omega-6-Fettsäuren für gesunde Gefäße und es ist essenziell für unser Gehirn. HASELNÜSSE, die wir süß oder salzig gerne zwischendurch knabbern, liefern besonders viel Vitamin E, das uns vor freien Radikalen schützt.

KERNE UND SAMEN

Samen und Kerne sind kleine Nährstoffkraftpakete. So punkten CHIA-SAMEN unter anderem mit einem hohen Gehalt an Omega-3-Fettsäuren. Wie die heimischen LEINSAMEN quellen sie im Darm auf und treiben die Verdauung voran. Auch SESAM, der uns mit einem Mix aus Eisen, Zink und Selen fürs Immunsystem versorgt, darf bei uns nie fehlen. Bei den Kernen schätze ich CASHEWKERNE, die hochwertiges Eiweiß liefern und sich wunderbar zu Mus verarbeiten lassen. KÜRBISKERNE knabbern wir gern unterwegs und bekommen so eine große Portion B-Vitamine. SONNENBLUMENKERNE liefern uns Eiweiß und gesunde Fettsäuren. Bei Kindern beliebt sind PEKANNÜSSE: Sie sind mild im Geschmack und enthalten viele B-Vitamine. Auch MANDELN, die dank Magnesium, B-Vitaminen und Eiweiß so gesund sind, verwende ich regelmäßig.

Milchalternativen

Aus ethischen und gesundheitlichen Gründen verzichte ich in meinen Rezepten auf Kuhmilch. Du kannst die Gerichte aber auch damit zubereiten. Ich bevorzuge selbst gemachte Pflanzendrinks (siehe Seite 26). Sie sind vielseitig einsetzbar und laktosefrei. Bei gekauften Drinks empfehle ich, zu ungesüßten, kalziumangereicherten Produkten zu greifen.

GETREIDE- UND SOJADRINKS

HAFERDRINK ist unser Favorit unter den Getreidedrinks. Selbst hergestellt, enthält er alle gesunden Nährstoffe, die Hafer zu bieten hat. Dazu gehören neben Mineralstoffen und pflanzlichem Eiweiß viele ungesättigte Fettsäuren und eine große Portion Vitamin B_1. Für unseren morgendlichen Haferbrei nehme ich auch gerne REISDRINK, der leicht süßlich schmeckt. Das ist aber reine Geschmacksache. SOJADRINK verwende ich nur in Maßen, weil er Isoflavone enthält, die im menschlichen Körper hormonähnlich wirken. Derzeit streiten sich die Wissenschaftler noch, ob dies positive oder negative Wirkungen sind.

NUSSDRINKS UND KOKOSMILCH

Nussdrinks aus Nüssen oder Kernen eignen sich unter anderem gut zum Kochen und Backen. Wir lieben besonders MANDELDRINK. Wie andere Nussdrinks ist er reich an Antioxidantien, Vitaminen und Mineralstoffen. Er passt, ebenso wie CASHEWDRINK, auch super in Smoothies oder ins Müsli. Den fettreichen Teil der KOKOSMILCH schätzen wir als Sahneersatz.

Zuckeralternativen

Raffinierter Zucker liefert uns nichts als leere Kalorien. Leider versteckt er sich in vielen industriell hergestellten Lebensmitteln, selbst in Wurst und Vollkornbrot. Zum Glück gibt es Alternativen:

FLÜSSIG

Der Klassiker ist HONIG, der uns mit vielen wichtigen Nährstoffen versorgt und entzündungshemmend wirkt. Wie AGAVENDICKSAFT enthält er allerdings viel Fruktose. Wer das nicht verträgt, kann mit mineralstoffreichem und fruktosefreiem REISSIRUP süßen. Mit wertvollen Mineralstoffen wie Magnesium, Kalium und Eisen punktet auch

AHORNSIRUP. Achte beim Einkauf darauf, dass er nicht mit Zuckerwasser gestreckt wurde.

FRUCHTIG

Ein guter Zuckerersatz sind auch TROCKENFRÜCHTE, die ebenfalls viele Mineralstoffe enthalten. Wegen ihres Eigengeschmacks passen sie aber nicht zu allen Speisen. Ich verwerte auch gerne überreife oder übrig gebliebene BANANEN und ÄPFEL zum Süßen. Und in Kekse, Kuchen oder Breie kommt selbst gemachtes APFELMUS (siehe Seite 22).

KRISTALLIN

Wenn ich Zucker zum Streuen brauche, greife ich gern zu VOLL-ROHRZUCKER oder zu KOKOS-BLÜTENZUCKER. Vollrohrzucker, die naturbelassene Version des Haushaltszuckers, enthält alle Nährstoffe des Zuckerrohrsafts. Den mineralstoffreichen Kokosblütenzucker schätze ich für seinen leichten Karamellgeschmack.

Öle und Fette

Fett ist nicht gleich Fett, und keinesfalls prinzipiell ungesund. Im Gegenteil: Ungesättigte Fettsäuren, wie etwa in Avocado, und in geringerem Maß auch gesättigte Fettsäuren, wie in Kokosöl, sind für unseren Körper lebensnotwendig. Worauf wir allerdings verzichten sollten, sind sogenannte Transfette, auch als gehärtete Fette bekannt, die häufig in Fertiggerichten und gekauften Süßigkeiten zu finden sind.

FLÜSSIG

OLIVENÖL ist und bleibt mein Favorit. Dank seiner einfach ungesättigten Fettsäuren wirkt es cholesterinsenkend und soll sogar Diabetes und Übergewicht vorbeugen. RAPSÖL, das dank seines guten Verhältnisses von Omega-3- und Omega-6-Fettsäuren sehr gesund ist, verwende ich häufig zum Braten und Backen. Ein Allrounder ist SONNENBLUMENÖL. Es passt zu fast allen Gerichten und liefert obendrein viele wichtige Vitamine. Das nussig schmeckende LEINÖL hat einen hohen Anteil an Omega-3-Fettsäuren, darf aber nicht erhitzt werden. Kühl lagern, da es schnell ranzig wird! In asiatischen Gerichten schmeckt SESAMÖL ganz wunderbar. Mit viel mehrfach ungesättigter Linolsäure ist es unter anderem gut fürs Herz.

FEST

In der ayurvedischen Ernährung und auch in meiner Küche spielt GHEE eine wichtige Rolle. Die geklärte Butter ist gut verdaulich, hoch erhitzbar, laktosefrei und wirkt sich positiv auf unseren Cholesterinspiegel aus. Auch KOKOSÖL kann gut erhitzt werden. Es passt toll zu asiatischen Gerichten. Achte beim Einkauf darauf, dass Du kalt gepresstes Kokosöl bekommst.

Nützliche Küchenhelfer

Die Liste meiner Küchengeräte ist überschaubar. Viele der Zubereitungsschritte, die mir eine teure Maschine abnehmen könnte, mache ich bewusst selbst – wie zum Beispiel einen Brotteig kneten. Die Arbeit mit den Händen gehört für mich zum Kochen einfach dazu. Manche Helferlein sind allerdings wirklich nützlich und mittlerweile auch in meiner Küche unersetzbar geworden.

ENTSAFTER

Meine neueste Anschaffung, zu der ich meinen Mann David erst vor einigen Monaten überreden konnte, ist ein Entsafter. Seit er ihn zum ersten Mal benutzt hat, ist der Entsafter aber auch für David nicht mehr wegzudenken. Wir pressen fast täglich frische Säfte und lieben es, neue Kreationen auszuprobieren. Außerdem ist dies eine tolle Art, älteres Obst und Gemüse, das man nicht mehr essen möchte, weiterzuverarbeiten.

STANDMIXER

Für Smoothies und zum Herstellen von veganem Eis ist der Standmixer unverzichtbar. Auch für Suppen, Saucen und Pestos ist er ideal. Bei uns ist er mehrmals täglich im Gebrauch, weshalb wir uns mittlerweile auch ein recht teures Gerät mit einem starken Motor angeschafft haben.

HOCKER

Kochen lernen funktioniert nur auf Augenhöhe. Daher ist es mir wichtig, dass Johannes bequem und sicher neben mir am Herd oder an der Arbeitsplatte stehen und jeden Schritt nachmachen kann. Wir haben dafür einen stinknormalen Holzhocker, der seinen Zweck wunderbar erfüllt.

KINDERMESSER

Damit Johannes mir in der Küche zur Hand gehen kann, habe ich ihm vor Kurzem sein eigenes Messer gekauft. Es ist speziell auf kleine Kinderhände abgestimmt und hat einen hübschen bunten Griff. Das Kindermesser, das natürlich nur unter Aufsicht benutzt werden darf, ist genauso scharf wie unsere anderen Küchenmesser und das ist auch gut so. Denn es bringt nichts, wenn Kinder lernen, die Lebensmittel mit dem Messer gewaltsam zu drücken und zu quetschen.

PÜRIERSTAB

Da Johannes ein kleiner Suppenkasper ist, benötigen wir den Pürierstab recht häufig. Früher kam er noch öfter zum Einsatz, um die anfängliche Beikost für Baby Johannes zu pürieren.

MÖRSER

Er ist für mich unverzichtbar, um frische Kräuter zu zerkleinern oder Gewürzmischungen selbst herzustellen. Die Aromen, die dabei entstehen, sind einfach wunderbar und verbreiten einen herrlichen Duft in der Küche. Außerdem brauche ich den Mörser beispielsweise für mein leckeres Petersilien-Mandel-Pesto (siehe Seite 65).

SPIRALSCHNEIDER

Dein Kind liebt Nudeln wie verrückt, Gemüse aber überhaupt nicht? Dann kauf Dir einen Spiralschneider und serviere ihm Gemüse-Spaghetti (siehe Seite 83). Ein günstiges manuelles Gerät reicht für den Anfang vollkommen. So kann Dein Kind prima mithelfen und die Gemüseschlangen beim Herausdrehen beobachten.

Selbst gemacht

»Ein Schlüssel auf dem Weg zu einer gesunden und naturbelassenen Ernährung heißt: selbst machen! Nur so kannst Du Dir ganz sicher sein, welche Zutaten in Deinen Gerichten enthalten sind. Außerdem sparst Du Geld und schonst die Umwelt, weil beim Selbermachen weniger Verpackungsmüll anfällt.

Johannes und ich verbringen verregnete Nachmittage gern in der Küche, kochen sein geliebtes Apfelmus oder füllen unseren Vorrat an Nussmus auf. Dabei vergeht die Zeit wie im Flug und wir haben etwas Sinnvolles gemacht, das man danach sogar naschen kann.

Zur Aufbewahrung von allerlei Selbstgemachtem haben sich bei mir die guten alten Bügelgläser bewährt. Davon habe ich mittlerweile eine stattliche Sammlung. Sie sind nicht nur praktisch, sondern machen auch optisch im Küchenregal einiges her.«

Apfelmus

VEGAN

Zutaten

1 kg Äpfel (z. B. Boskop)
1 TL Zitronensaft
1 Vanilleschote
2 Stangen Zimt

KINDERLEICHT

Zubereitung

ÄPFEL schälen, entkernen und in Stücke schneiden. Apfelstücke mit Zitronensaft und 150 ml Wasser in einen Topf geben und gut verrühren.

VANILLESCHOTE längs halbieren und das Mark herauskratzen. Vanillemark und Zimt in den Topf geben und alles köcheln lassen, bis die Äpfel nach etwa 10–15 Min. weich sind.

ZIMT entfernen und die Äpfel mit dem Pürierstab fein pürieren. Ein großes Einweckglas heiß auswaschen und das noch heiße Apfelmus einfüllen.

Für 2 Kinder- und 2 Erwachsenenportionen
Zubereitungszeit: 30 Min.
Pro Portion (Kind): ca. 55 kcal, 1 g E, 1 g F, 12 g KH
Pro Portion (Erwachsener): ca. 110 kcal, 1 g E, 1 g F, 23 g KH

Overnight Oatmeal

VEGAN

Zutaten

200 g feine Haferflocken
400 ml Pflanzendrink nach Wahl
  (ungesüßt)
Salz

Außerdem

Früchte, Nüsse, Trockenobst,
  Nussmus, Ahornsirup oder Gewürze nach Belieben

Zubereitung

HAFERFLOCKEN, Pflanzendrink und 1 Prise Salz in ein ho-
hes Einweckglas geben und gut verschlossen über Nacht
zum Quellen in den Kühlschrank stellen. Am nächsten Morgen haben die Haferflocken eine breiartige Konsistenz.

DAS OATMEAL kann nun nach Belieben mit frischen Früch-
ten, Nüssen, Trockenobst, Nussmus oder Sirup verfeinert
werden. Auch Gewürze wie Zimt oder Vanille passen dazu.

Für 2 Kinder- und 2 Erwachsenenportionen
Zubereitungszeit: 5 Min.
Quellzeit: über Nacht
Pro Portion (Kind): ca. 145 kcal, 5 g E, 4 g F, 20 g KH
Pro Portion (Erwachsener): ca. 290 kcal, 10 g E, 8 g F, 40 g KH

Schoko-Brotaufstrich

VEGAN

Zutaten

200 g Haselnusskerne
100 g Vollrohrzucker
5 EL Sonnenblumenöl
100 g Kakaopulver (schwach entölt)
2 EL Mandelmus
Meersalz

KINDERLEICHT

Zubereitung

DEN BACKOFEN auf 180° vorheizen. Haselnüsse auf ein Backblech legen und ca. 10 Min. auf der mittleren Schiene im Ofen rösten. Dann abkühlen lassen und auf einem Geschirrtuch ausbreiten. Mit den flachen Händen so lange über die Nüsse rollen, bis sich die Haut von den Kernen löst.

ZUCKER in einem Mixer oder einer elektrischen Mühle fein mahlen, bis Puderzucker entsteht. Den Puderzucker in eine Schüssel füllen und beiseitestellen. Nüsse in einen Mixer geben und ebenfalls fein mahlen. Die restlichen Zutaten sowie 1 Prise Meersalz hinzufügen und alles cremig mixen. Gegebenenfalls den Mixer zwischendurch ausschalten und die Creme mit einem Löffel vom Rand nach unten schieben.

Für 500 g
Zubereitungszeit: 30 Min.
Pro Portion (1 EL): ca. 110 kcal, 2 g E, 9 g F, 6 g KH

Chia-Marmelade

VEGAN

Zutaten

250 g frische Beeren nach Wahl
  (ersatzweise TK-Beeren)
2 EL Chia-Samen
2 EL Ahornsirup
1 Vanilleschote

Zubereitung

DIE BEEREN waschen und in einem Topf ohne Flüssigkeit kurz aufkochen lassen. Dann die Hitze reduzieren. Chia-Samen und Ahornsirup einrühren und alles 5–7 Min. köcheln lassen. Vanilleschote längs halbieren und das Mark herauskratzen. Vanillemark unterrühren.

DEN TOPF vom Herd nehmen und die Marmelade abkühlen lassen. In ein Einweckglas umfüllen und über Nacht zum Quellen in den Kühlschrank stellen. Am nächsten Morgen ist die Marmelade fertig fürs Frühstück.

Für 300 g
Zubereitungszeit: 10 Min.
Quellzeit: über Nacht
Pro Portion (1 EL): ca. 20 kcal, 1 g E, 1 g F, 3 g KH

Pflanzendrink

VEGAN

Zutaten

200 g Mandeln (ersatzweise ungesalzene Nüsse nach Wahl
   oder feine Haferflocken)
Salz

Außerdem

1 Nussbeutel (ersatzweise 1 Mulltuch)

Zubereitung

MANDELN mit 400 ml Wasser mindestens 8 Std. quellen
lassen. Dann das Wasser abgießen und die Mandeln mit
1 l frischem Wasser und 1 Prise Salz in einen Mixer geben
und fein pürieren. Die Masse durch einen Nussbeutel gießen
und die Flüssigkeit komplett herausdrücken.

Für 1 l
Zubereitungszeit: 20 Min.
Quellzeit: 8 Std.
Pro Portion (200 ml): ca. 80 kcal, 2 g E, 6 g F, 4 g KH

Nussmus

Zutaten

300 g ungesalzene Nüsse nach
    Wahl (ersatzweise Mandeln oder
    Sonnenblumenkerne)
neutrales Öl (Rapsöl, Sonnen-
    blumenöl)

Zubereitung

DEN BACKOFEN auf 160° vorheizen. Nüsse auf ein mit Backpapier ausgelegtes Backblech legen und im Ofen auf der
mittleren Schiene 12–15 Min. rösten. Dann die Nüsse leicht
abkühlen lassen.

NÜSSE in einen Mixer geben und ca. 5 Min. auf höchster
Stufe zerkleinern, dabei die Masse vom Rand mit einem Löffel immer wieder in die Mitte schieben. Je nach Stärke des
Mixers die Nüsse eventuell portionsweise zerkleinern. Dann
nach und nach 1–2 EL Öl hinzufügen und erneut mixen, bis
ein cremiges Mus entsteht.

Für 300 g
Zubereitungszeit: 15 Min.
Backzeit: 15 Min.
Pro Portion (1 EL): ca. 105 kcal, 3 g E, 9 g F, 2 g KH

Kinder-Ketchup

VEGAN

Zutaten

5 gehäufte EL Tomatenmark
2 EL Ahornsirup
1 EL Apfelessig
1 TL edelsüßes Paprikapulver
½ TL Currypulver
Piment
Meersalz

Zubereitung

TOMATENMARK, Ahornsirup, Essig, Paprika und Curry mit je 1 Prise Piment und Meersalz sowie 50 ml Wasser in einer Schüssel vermengen. Fertig!

DAS KETCHUP, das frei von industriellem Zucker ist, passt toll zu meinen selbst gemachten Pastinaken-Pommes (siehe Seite 79) und zu vegetarischen Hamburgern (siehe Seite 80).

Für 150 g
Zubereitungszeit: 5 Min.
Pro Portion (1 EL): ca. 10 kcal, 0 g E, 0 g F, 2 g KH

Instant-Gemüsebrühe

VEGAN

Zutaten

200 g Möhren
200 g Sellerie
100 g Lauch
1 Bund Petersilie
1 Bund Schnittlauch
2 rote Zwiebeln
2 Knoblauchzehen
40 g Meersalz

KINDER-LEICHT

Zubereitung

DEN BACKOFEN auf 80° (Umluft) vorheizen. Möhren und Sellerie schälen und in grobe Stücke schneiden. Lauch waschen und ebenfalls in grobe Stücke schneiden. Die Kräuter waschen, trocken schütteln und grob zerkleinern. Zwiebeln und Knoblauch schälen und klein hacken. Alles in einem Mixer fein häckseln.

DIE GEMÜSE-KRÄUTER-MISCHUNG auf zwei mit Backpapier ausgelegten Backblechen verteilen und ca. 2 Std. im Ofen auf der mittleren Schiene trocknen lassen. Dabei hin und wieder die Ofentür öffnen, damit feuchte Luft entweichen kann. Masse abkühlen lassen, mit Salz vermengen und 30 Min. ziehen lassen.

DIE TROCKENE MASSE in den Mixer geben und zu einem feinen Pulver vermahlen. Die fertige Instant-Gemüsebrühe in sterile Einweckgläser füllen. Im Kühlschrank ist sie so bis zu 12 Monate haltbar.

Für 500 g
Zubereitungszeit: 30 Min.
Backzeit: 2 Std.
Ruhezeit: 30 Min.
Pro Portion (1 TL auf 250 ml): ca. 2 kcal, 0 g E, 0 g F, 0 g KH

Knusper-Granola

Meine Familie ist verrückt nach Granola. Wir lieben das crunchige Müsli in allen Varianten. Diese vier Rezepte für je 500 Gramm sind unsere Lieblinge. Die Granolas werden bei 180° im vorgeheizten Backofen auf der mittleren Schiene auf je zwei mit Backpapier ausgelegten Blechen etwa 12 Minuten gebacken. In einem luftdichten Behälter sind sie mehrere Wochen haltbar.

1. Sweet & Salty

100 g Pekannusskerne
50 g Erdnusskerne (gesalzen)
100 g Bananenchips
3 EL Sonnenblumenöl
3 EL Honig
200 g kernige Haferflocken
1 Prise Meersalz

Pekannüsse und Erdnüsse fein hacken. Bananenchips grob zerkleinern. Öl mit Honig bei geringer Hitze schmelzen. Alle trockenen Zutaten bis auf die Bananenchips vermengen. Mit der Öl-Honig-Mischung übergießen und verrühren. Masse auf den Blechen verteilen und backen. Abkühlen lassen und mit den Chips mischen.

2. Tropical Granola ohne Haferflocken

100 g Cashewkerne
100 g Sonnenblumenkerne | 100 g Kokosflakes
1 Prise Salz
2 EL Kokosöl
3 EL Agavendicksaft
150 g getrocknete Mango
2 EL Kokosraspel

Cashews fein hacken. Alle trockenen Zutaten bis auf die Mango und die Kokosraspel vermengen. Kokosöl bei geringer Hitze schmelzen. Öl und Dicksaft mit den trockenen Zutaten verrühren. Masse auf die Bleche verteilen und backen. Mango klein schneiden. Granola abkühlen lassen und mit Mango und Kokosraspeln mischen.

3. Berry Mix

100 g Mandeln
200 g kernige Haferflocken
1 Prise Salz | 2 Stangen Zimt
2 EL Kokosöl
2 EL Ahornsirup
80 g Rosinen
80 g getrocknete Cranberrys

Mandeln fein hacken und mit Haferflocken, Salz und Zimt vermengen. Kokosöl bei geringer Hitze schmelzen. Ahornsirup dazugeben und die Mischung zu den trockenen Zutaten gießen. Alles gut verrühren. Masse auf den Blechen verteilen und backen. Abkühlen lassen und den Zimt entfernen. Mit Rosinen und Cranberrys mischen.

4. Schoko-Granola

100 g Haselnusskerne
200 g kernige Haferflocken
1 Prise Meersalz
1 EL Kokosöl | 2 EL Erdnussmus
2 EL Ahornsirup
100 g dunkle Schokolade
3 EL rohes Kakaopulver

Haselnüsse fein hacken. Mit Haferflocken und Salz vermengen. Kokosöl und Erdnussmus bei geringer Hitze schmelzen. Zu der Mischung geben und verrühren. Ahornsirup unterrühren. Masse auf die Bleche verteilen und backen. Schokolade fein raspeln. Granola abkühlen lassen und mit Kakao und Schokolade mischen.

Frühstück

»Das Frühstück ist für uns die schönste Mahlzeit des Tages. Doch der Familienalltag lässt uns meist zu wenig Zeit dafür. Wir sind schon froh, wenn David morgens rechtzeitig zur Arbeit kommt und Johannes vollständig angezogen in der Kita aufschlägt.

Mit leerem Magen geht bei uns trotzdem niemand aus dem Haus. Irgendwie schaffen wir es fast immer, uns zumindest noch ein paar Minuten für eine gemeinsame Smoothie-Bowl (siehe Seite 34) frei-zuschaufeln und über die Pläne des Tages zu sprechen.

Am Wochenende holen wir uns die Zeit zurück und zelebrieren das Frühstück ausgiebig. Wir genießen saisonale Früchte, kochen ge-meinsam unseren geliebten Haferbrei und backen ein paar Früh-stücksmuffins oder andere wundervoll leckere Dinge, die Du alle in diesem Kapitel findest.«

Pink-Smoothie-Bowl

Zutaten

1 Birne
2 reife Bananen
200 g vorgekochte Rote Beten
   (vakuumverpackt)
1 EL Leinsamen
150 g Sojaghurt
3 EL feine Haferflocken

KINDERLEICHT

Zubereitung

BIRNE waschen, halbieren und den Stiel sowie das Kerngehäuse entfernen. Birnenhälften in köchelndem Wasser 3 Min. pochieren. Bananen schälen und in grobe Stücke schneiden. Rote Beten ebenfalls grob klein schneiden. Dabei Einmalhandschuhe tragen, weil die Roten Beten stark färben.

LEINSAMEN in einem Mixer oder einer elektrischen Mühle fein mahlen. Dann mit allen anderen Zutaten im Mixer zu einem feinen Püree verarbeiten.

Für 2 Kinder- und 2 Erwachsenenportionen
Zubereitungszeit: 15 Min.
Pro Portion (Kind): ca. 120 kcal, 4 g E, 2 g F, 20 g KH
Pro Portion (Erwachsener): ca. 240 kcal, 8 g E, 4 g F, 39 g KH

Breakfast Bananasplit

Zutaten

50 g Haselnusskerne
1 EL Ahornsirup
1 EL rohes Kakaopulver
2 Bananen
200 g Hüttenkäse
frische Beeren nach Belieben

KINDER-
LEICHT

Zubereitung

HASELNUSSKERNE in einem Mixer grob zerkleinern. Dann mit Ahornsirup und Kakao in einer Schüssel vermengen.

BANANEN schälen und der Länge nach halbieren. Hüttenkäse großzügig auf den Bananenhälften verteilen. Mit den Kakao-Haselnüssen bestreuen und nach Belieben mit frischen Beeren garnieren.

Für 4 Portionen
Zubereitungszeit: 15 Min.
Pro Portion: ca. 210 kcal, 10 g E, 11 g F, 17 g KH

»Johannes und ich sind echte Frühaufsteher. Morgens haben wir viel Energie und meistens auch gute Laune. David hingegen dreht sich besonders am Wochenende gern noch das ein oder andere Mal im Bett um. Damit er nicht den ganzen Tag verschläft, fahren Johannes und ich manchmal die schweren Geschütze auf und backen unseren unwiderstehlichen Feigenauflauf. Bei diesem wunderbaren Duft kriecht selbst der müdeste Mann aus den Federn.«

Feigenauflauf

VEGAN

Zutaten

1 EL gemahlene Leinsamen
4 Feigen
1 Vanilleschote
1 EL Zitronensaft
100 g feine Haferflocken
Meersalz
½ TL Weinsteinbackpulver
1 EL Ahornsirup
200 ml Pflanzendrink nach Wahl
   (ungesüßt)

KINDER-LEICHT

Für den Crunch

25 g Walnusskerne
25 g Haselnusskerne
25 g grüne Pistazienkerne (ersatzweise Kürbiskerne)
30 ml Ahornsirup
½ EL Kokosöl (zimmerwarm)
25 g Kokosraspel
Meersalz

Außerdem

4 Auflaufförmchen (à 9 cm ⌀)
Kokosöl für die Förmchen

Zubereitung

LEINSAMEN mit 3 EL Wasser mischen und mindestens 30 Min. quellen lassen. Den Ofen auf 190° vorheizen. Die Auflaufförmchen einfetten.

FEIGEN waschen und in dünne Scheiben schneiden. Vanilleschote längs halbieren und das Mark herauskratzen. Zitronensaft und Vanillemark mit den Feigen verrühren und in die Förmchen verteilen.

HAFERFLOCKEN, 1 Prise Salz und Backpulver vermengen. Die Mischung gleichmäßig in die Förmchen füllen. Leinsamen und Ahornsirup in den Pflanzendrink einrühren. Dann über die Haferflocken in die Förmchen gießen.

FÜR DEN CRUNCH Walnüsse und Haselnüsse in einem Mixer grob hacken. Dann alle Zutaten mit 1 Msp. Salz mischen und in die Förmchen verteilen. Den Auflauf im Ofen auf der mittleren Schiene ca. 35–40 Min. backen, bis die Oberfläche knusprig und goldbraun ist.

Für 4 Portionen
Zubereitungszeit: 35 Min.
Backzeit: 40 Min.
Pro Portion: ca. 365 kcal, 10 g E, 21 g F, 32 g KH

Früchtevariation:

Statt Feigen kannst Du für den Auflauf auch Beeren oder Steinobst wie Pfirsiche oder Pflaumen verwenden. Köstlich schmecken Erdbeeren, die zudem kalorienarm sind und voller gesunder Inhaltsstoffe wie Vitamin C, Folsäure und Kalzium stecken.

Haferbrei mit frischen Heidelbeeren

VEGAN

Zutaten
300 ml Reisdrink (ungesüßt)
150 g feine Haferflocken
1 reife Banane
1 Vanilleschote
Meersalz
150 g Heidelbeeren

KINDERLEICHT

Zubereitung
REISDRINK aufkochen und die Haferflocken einrühren. Bei schwacher Hitze 5 Min. köcheln lassen, dabei immer wieder gut umrühren.

BANANE schälen, mit einer Gabel zerdrücken und in den Haferbrei einrühren. Vanilleschote längs halbieren und das Mark herauskratzen. Vanillemark und 1 Prise Salz in den Brei geben und verrühren. Den fertigen Haferbrei portionieren und mit den Heidelbeeren garnieren.

Für 2 Kinder- und 2 Erwachsenenportionen
Zubereitungszeit: 12 Min.
Pro Portion (Kind): ca. 145 kcal, 4 g E, 3 g F, 25 g KH
Pro Portion (Erwachsener): ca. 290 kcal, 8 g E, 5 g F, 50 g KH

Frühstücksmuffins

VEGAN

Zutaten

100 g Trockenpflaumen
150 g kernige Haferflocken (ersatzweise feine Haferflocken)
1 EL Leinsamen
1 TL Weinstein-
backpulver
Salz
1 TL Zimtpulver
150 ml Haferdrink (ungesüßt)
2 EL Mandelmus
2 EL Apfelmus (ungesüßt)
100 g Sojaghurt

KINDERLEICHT

Außerdem

6er-Muffinform
Öl für die Form

Zubereitung

DEN OFEN auf 180° (Umluft) vorheizen. Die Muffinform einfetten. Pflaumen klein schneiden. Haferflocken, Leinsamen,
Backpulver und 1 Prise Salz in einer Schüssel vermengen. In
einer weiteren Schüssel Zimt, Haferdrink, Mandelmus,
Apfelmus und Sojaghurt verrühren.

DEN INHALT beider Schüsseln miteinander vermischen. Dabei nur so lange rühren, bis alle Zutaten gleichmäßig feucht
sind. Zum Schluss die Pflaumen unterrühren.

DEN TEIG in die Mulden der Form füllen, sodass diese etwa
zu zwei Dritteln gefüllt sind. Muffins im Ofen auf der mittleren Schiene ca. 25–30 Min. backen. Wenn der Teig beim
Stäbchentest nicht kleben bleibt, sind die Muffins fertig. Sie
schmecken warm oder kalt.

Für 6 Stück
Zubereitungszeit: 15 Min.
Backzeit: 30 Min.
Pro Stück: ca. 225 kcal, 6 g E, 9 g F, 27 g KH

Knäckebrot

VEGAN

Zutaten

200 g feine Haferflocken
100 g Buchweizenmehl
100 g Roggenmehl
100 g Leinsamen (ersatzweise
    Kürbiskerne oder Sesam)
2 TL Kümmelsamen
Meersalz
80 ml Olivenöl

Zubereitung

DEN BACKOFEN auf 200° (Umluft) vorheizen. Haferflocken in einem Mixer fein mahlen. Alle trockenen Zutaten mit 1 TL Salz in einer Schüssel vermengen. Nach und nach Öl und 240 ml lauwarmes Wasser hinzufügen und alles mit den Händen zu einem Teig verkneten. Der Teig sollte am Ende nicht an den Händen kleben und gut formbar sein.

DEN TEIG in acht Stücke teilen und zwischen zwei Backpapierbögen hauchdünn ausrollen. Die Teigfladen mit dem unteren Backpapier auf ein Backblech legen. Knäckebrot im Ofen auf der mittleren Schiene in ca. 20 Min. kross backen.

Für 8 Scheiben
Zubereitungszeit: 30 Min.
Backzeit: 20 Min.
Pro Scheibe: ca. 315 kcal, 9 g E, 16 g F, 32 g KH

Vollkorn-Rosinenbrötchen

VEGAN

Zutaten

25 g frische Hefe
330 ml Mandeldrink (ungesüßt)
½ TL Backmalz
Salz
450 g Vollkorn-Dinkelmehl
50 ml neutrales Öl
1 TL Ahornsirup
100 g Rosinen
3 EL Sojadrink (ungesüßt)

Außerdem

Mehl für die Arbeitsfläche

KINDERLEICHT

Zubereitung

HEFE zerbröseln und mit Mandeldrink und Backmalz in einem Topf erwärmen, bis sie sich aufgelöst hat. Dann mit ½ TL Salz und allen anderen Zutaten außer den Rosinen und dem Sojadrink in eine Schüssel geben und mit den Knethaken des Handrührgeräts zu einem glatten Teig verarbeiten. Den Teig zugedeckt an einem warmen Ort mindestens 1 Std. ruhen lassen.

DEN TEIG anschließend auf einer bemehlten Arbeitsfläche mit den Händen durchkneten und vorsichtig die Rosinen untermischen. Der Teig hat die perfekte Konsistenz, wenn er sich von der Fläche gut ablöst. Noch mal mindestens 30 Min. zugedeckt ruhen lassen.

IN DER ZWISCHENZEIT den Ofen auf 220° vorheizen. Den Teig zu zehn Brötchen formen. Diese mit Sojadrink bepinseln, auf ein mit Backpapier ausgelegtes Blech legen und im Ofen auf der mittleren Schiene 10 Min. backen. Die Hitze auf 175° reduzieren und die Brötchen weitere 5 Min. backen.

Für 10 Brötchen
Zubereitungszeit: 30 Min.
Ruhezeit: 1 Std. 30 Min.
Backzeit: 15 Min.
Pro Brötchen: ca. 255 kcal, 8 g E, 7 g F, 38 g KH

»Pancakes in der Pfanne backen ist etwas für geduldige Menschen, zu denen ich mich nicht gerade zählen kann. Während ich am Herd stehe und Pancake um Pancake wende, können David und Johannes bereits fröhlich drauflosmampfen. Damit wir uns alle gleichzeitig über das leckere Frühstück hermachen können, gibt es bei uns jetzt öfter Pancakes vom Blech. So muss ich den Jungs nicht mit knurrendem Magen beim Schlemmen zuschauen.«

Pancakes vom Blech

Zutaten

125 g Heidelbeeren
1 Banane
1 Vanilleschote
200 ml Haferdrink (ungesüßt)
50 g Mandelmus
100 ml Ahornsirup
3 Eier (M)
150 g Vollkorn-Dinkelmehl
100 g Buchweizenmehl
½ TL Zimtpulver
2 TL Weinsteinbackpulver
Meersalz

KINDER-LEICHT

Außerdem

Öl für das Blech

Zubereitung

DEN BACKOFEN auf 220° vorheizen. Heidelbeeren gründlich waschen und abtropfen lassen. Banane schälen und in Scheiben schneiden. Vanilleschote längs halbieren und das Mark herauskratzen.

HAFERDRINK, Mandelmus, Ahornsirup und Eier in einer Schüssel verquirlen. Beide Mehle, Zimt, Vanillemark, Backpulver sowie 1 Prise Salz in einer zweiten Schüssel vermengen. Nun die feuchten und die trockenen Zutaten miteinander mischen und zu einem glatten Teig verrühren. Heidelbeeren vorsichtig unterheben.

DEN TEIG auf ein mit Öl eingefettetes oder alternativ mit Backpapier ausgelegtes Backblech gießen, glatt streichen, mit Bananenscheiben belegen und im Ofen 10–15 Min. backen. Dann in Stücke schneiden.

Für 8 Stück
Zubereitungszeit: 20 Min.
Backzeit: 15 Min.
Pro Stück: ca. 250 kcal, 8 g E, 7 g F, 37 g KH

Gut vorzubereiten:

Um morgens Zeit zu sparen, kannst Du die Küchlein problemlos am Vortag zubereiten. Die Gemüsesorten kannst Du variieren. Probier doch mal Kürbis, Spinat, Süßkartoffel oder Brokkoli. Orientiere Dich einfach an den Vorlieben Deiner Familie.

Bunte Eierküchlein

Zutaten

Für die grüne Schicht

50 g TK-Erbsen
2 Eier (M)
3 EL Haferdrink
  (ungesüßt)
Meersalz

KINDER-LEICHT

Für die orangefarbene Schicht

1 Möhre
2 Eier (M)
3 EL Haferdrink (ungesüßt)
½ TL gemahlene Kurkuma
Meersalz

Außerdem

8er-Muffinform
Öl für die Form

Zubereitung

ERBSEN für die grüne Schicht auftauen lassen. Backofen auf 180° vorheizen.

IN DER ZWISCHENZEIT die Muffinform mit Öl einfetten. Möhre für die orangefarbene Schicht schälen und sehr fein raspeln. Die Zutaten für die orangefarbene Schicht mit 1 Prise Salz in einer Schüssel verquirlen. Masse in die Muffinform gießen, sodass die Mulden etwa zur Hälfte gefüllt sind. Im Ofen auf der mittleren Schiene 20 Min. backen.

AUFGETAUTE ERBSEN in der Zwischenzeit pürieren und mit den anderen Zuaten für die grüne Schicht sowie 1 Prise Salz in einer Schüssel verquirlen.

DIE FORM aus dem Ofen nehmen und die grüne Eiermasse zugießen. Weitere 20 Min. backen. Anschließend die Küchlein im Ofen noch ca. 5 Min. ruhen lassen.

Für 8 Stück
Zubereitungszeit: 15 Min.
Backzeit: 40 Min.
Pro Stück: ca. 60 kcal, 4 g E, 4 g F, 2 g KH

»Ich habe mein Herz an Mallorca verloren. Ich liebe die Vielfalt und Schönheit der Natur, die herzlichen Einheimischen und das wundervolle Klima. Jedes Mal wenn ich dort bin, habe ich das Gefühl, nach Hause zu kommen. Johannes liebt die Insel inzwischen mindestens so sehr wie ich und vor allem ist er ein Fan des deftigen spanischen Essens. Zum Frühstück oder als Tapa gibt es bei uns oft diese traditionelle Tortilla.«

Spanische Tortilla

Zutaten
500 g festkochende Kartoffeln
1 Zwiebel
1 große Paprika
2 EL Olivenöl
8 Eier (M)
Meersalz
1 Bund Petersilie

Außerdem
1 ofenfeste Pfanne (26 cm ∅)

Zubereitung
DEN BACKOFEN auf 180° Grad (Umluft) vorheizen. Kartoffeln gründlich waschen und mit wenig Wasser in einem Topf gar kochen. Anschließend abgießen, kurz abkühlen lassen und möglichst schnell pellen.

ZWIEBEL schälen und in schmale Streifen schneiden. Die Paprika halbieren, weiße Trennwände und Kerne entfernen, die Hälften waschen und in kleine Würfel schneiden. Kartoffeln in Scheiben schneiden. Olivenöl in der Pfanne erhitzen. Die Zwiebelstreifen kurz darin glasig andünsten und wieder herausnehmen. Nun die Paprika und die Kartoffeln für ca. 5 Min. in die Pfanne geben und anbraten.

IN DER ZWISCHENZEIT Eier trennen und die Eiweiße mit 1 Prise Salz in einem hohen Rührbecher leicht aufschlagen. Petersilie waschen, trocken schütteln und fein hacken. Die Eigelbe verquirlen und mit dem Eischnee vermengen. Petersilie und 1 TL Salz unterrühren. Vorsichtig Zwiebel, Kartoffeln und Paprika untermischen.

KINDERLEICHT

DIE MISCHUNG in die Pfanne gießen und bei möglichst geringer Hitze ca. 20 Min. backen, bis das Ei oben fast vollständig gestockt ist. Die Pfanne dann in den Ofen schieben und die Tortilla auf der mittleren Schiene weitere 10 Min. backen, bis die Oberfläche goldbraun ist.

Für 2 Kinder- und 2 Erwachsenenportionen
Zubereitungszeit: 45 Min.
Backzeit: 30 Min.
Pro Portion (Kind): ca. 195 kcal, 11 g E, 12 g F, 12 g KH
Pro Portion (Erwachsener): ca. 385 kcal, 21 g E, 23 g F, 24 g KH

Eier:

Eier galten lange Zeit als ungesund. Dabei liefern sie uns unter anderem wertvolles Eiweiß, Vitamin A, Vitamin B_{12} und sogar Vitamin D, das nur in wenigen Nahrungsmitteln vorkommt. Mir ist es wichtig, darauf zu achten, dass die Eier aus artgerechter, ökologischer Tierhaltung kommen.

Die gesunde Frühstücksbox

Um abwechslungsreiche Frühstückspakete für die Kita oder die Schule zuzubereiten, sind Bentoboxen ideal. In ihren kleinen und großen Kämmerchen kannst Du die unterschiedlichsten Snacks anrichten, ohne dass sich alles unappetitlich vermischt. Diese vier Boxen sind gefüllt mit Johannes' Lieblingssnacks. Bestimmt schmecken sie auch Deinem Kind.

Box 1
Brotbällchen (siehe Seite 58)
Selleriestangen mit Frischkäse
Apfelmus (siehe Seite 22)
Schokokekse (siehe Seite 53)

Box 2
Müsliriegel (siehe Seite 52)
Hüttenkäse mit Vanille
Snackpaprika, gefüllt mit Kräuterquark
Kichererbsen aus dem Ofen (siehe Seite 59)

Box 3
Spanische Tortilla (siehe Seite 46)
Kirschtomaten mit Mozzarella
Trockenfrüchtchen im Schokomantel
(siehe Seite 118)
Joghurt mit gepufftem Amarant

Box 4
Brotherzen mit Schokoaufstrich (siehe Seite 24)
Gemüsesticks
Hart gekochtes Ei
Gefüllte Himbeeren (siehe Seite 54)

Auf die Hand

»Kindermägen können noch nicht so viel Nahrung auf einmal aufnehmen und verarbeiten. Daher ist es für Kinder ideal, wenn sie über den Tag verteilt viele kleine Portionen Essen angeboten bekommen. Unterwegs habe ich deshalb immer eine prall gefüllte Snackbox dabei. So kann ich Johannes mit gesunden Zwischenmahlzeiten versorgen und muss nicht immer zum Bäcker rennen.

Hin und wieder kommt das allerdings auch vor – insbesondere wenn wir mit Freunden verabredet sind und die anderen Kinder eine Brezel essen möchten. Doch genauso häufig passiert es, dass Johannes' Freunde lieber in seine Snackbox greifen und der Bäcker ganz schnell vergessen ist.«

Süße Zucchini-Müsliriegel

VEGAN

Zutaten

1 EL Leinsamen
50 g Mandeln
50 g Haselnusskerne
100 g feine Haferflocken
100 g Zucchini
50 g getrocknete Cranberrys
2 EL Ahornsirup
3 EL Mandelmus
25 g Kokosraspel
Salz

KINDERLEICHT

Zubereitung

DEN BACKOFEN auf 180° vorheizen. Leinsamen in einem Mixer oder einer elektrischen Mühle mahlen, mit 3 EL Wasser verrühren und mindestens 30 Min. quellen lassen.

IN DER ZWISCHENZEIT Mandeln, Haselnüsse und Haferflocken in einem Mixer fein, aber nicht zu fein hacken. Zucchini putzen, schälen und fein raspeln. Getrocknete Cranberrys in kleine Stücke schneiden.

AHORNSIRUP und Mandelmus in einem Topf erhitzen, bis beides komplett flüssig ist. Dann alle Zutaten mit ½ TL Salz in einer großen Schüssel miteinander vermengen.

EIN BACKBLECH mit Backpapier auslegen. Die Riegelmasse gleichmäßig ca. 3–4 cm hoch darauf verteilen, glatt streichen und im Ofen auf der mittleren Schiene 30 Min. backen, bis die Oberfläche braun ist. Auskühlen lassen und mit einem Messer in Riegel schneiden.

Für 8 Stück
Zubereitungszeit: 35 Min.
Backzeit: 30 Min.
Pro Stück: ca. 225 kcal, 6 g E, 15 g F, 16 g KH

Schokokekse

Zutaten

200 g feine Haferflocken
1 EL Kokosöl
2 EL Mandelmus
3 EL Apfelmus (ungesüßt)
1 EL Kakaopulver (schwach entölt)
1 Ei (M)
2 TL Backpulver
Salz

KINDERLEICHT

Zubereitung

DEN BACKOFEN auf 180° vorheizen. Ein Backblech mit Backpapier auslegen. Haferflocken mit einem Mixer oder einer Küchenmaschine fein mahlen.

ALLE ZUTATEN mit 1 Prise Salz in einer Schüssel vermengen und zu einem glatten Teig verarbeiten. Den Teig mit dem Nudelholz glatt ausrollen. Mit einem Ausstecher oder einem Glas runde Scheiben ausstechen und auf das Backblech legen, dabei zwischen den Keksrohlingen rundum etwas Abstand lassen. Kekse im Ofen auf der mittleren Schiene ca. 15 Min. backen, bis sie goldbraun sind. Vor dem Genießen abkühlen lassen.

Für 20 Stück
Zubereitungszeit: 20 Min.
Backzeit: 15 Min.
Pro Stück: ca. 65 kcal, 2 g E, 3 g F, 7 g KH

Gefüllte Himbeeren

Zutaten

200 g Himbeeren
1 Vanilleschote
1 TL flüssiger Honig
100 g griechischer Joghurt

Zubereitung

HIMBEEREN gründlich waschen und trocken tupfen. Vanilleschote längs halbieren, das Mark herauskratzen und mit dem Honig in den Joghurt einrühren.

JOGHURT in einen Spritzbeutel geben und die Himbeeren vorsichtig damit füllen.

Für 4 Portionen
Zubereitungszeit: 15 Min.
Pro Portion (ca. 12 Stück): ca. 50 kcal, 1 g E, 3 g F, 5 g KH

Süße Polentaschnitten

Zutaten

500 ml Mandeldrink (ungesüßt)
Salz
2 EL Honig (ersatzweise Ahornsirup)
125 g Polenta (Maisgrieß)
1 Apfel
½ TL Zimtpulver

KINDERLEICHT

Zubereitung

MANDELDRINK mit 1 Prise Salz und Honig in einem Topf aufkochen. Polenta einrieseln lassen, umrühren und ca. 15 Min. quellen lassen. Den Backofen auf 220° vorheizen und ein Backblech mit Backpapier auslegen.

APFEL schälen, entkernen und fein raspeln. Raspel mit Zimt in die Polenta einrühren. Die Polenta 1–2 cm dick auf das Backpapier streichen und im Ofen auf der mittleren Schiene 12 Min. backen. Auskühlen lassen und dann entweder in zehn Stücke schneiden oder Figuren ausstechen.

Für 10 Stück
Zubereitungszeit: 35 Min.
Backzeit: 12 Min.
Pro Stück: ca. 80 kcal, 2 g E, 2 g F, 14 g KH

Sesam-Cracker

VEGAN

Zutaten

50 g Kürbiskerne
50 g Sesam
150 g Vollkorn-Dinkelmehl
50 g Weizenkeime
1 EL Backpulver
Meersalz
1 EL Olivenöl
1 EL Ahornsirup

KINDERLEICHT

Außerdem

Mehl für das Blech

Zubereitung

DEN BACKOFEN auf 150° vorheizen. Die Hälfte der Kürbiskerne und Sesamsamen mit Mehl, Weizenkeimen, Backpulver und 1 TL Salz in einer Schüssel vermengen. 150 ml Wasser und das Öl hinzufügen und alles zu einem Teig verrühren.

EIN BACKBLECH mit Backpapier auslegen und mit etwas Mehl bestreuen. Den Teig mit einem Teigschaber dünn und gleichmäßig darauf verteilen und mit einem Pizzaschneider in 40 kleine Quadrate teilen. Im Ofen auf der mittleren Schiene ca. 20 Min. backen.

DIE CRACKER mit Ahornsirup bestreichen und mit den restlichen Kernen und Samen bestreuen. Für weitere 10 Min. im Ofen knusprig backen. Cracker auseinanderbrechen. Dazu passt Hummus oder Kräuterquark.

Für 40 Stück
Zubereitungszeit: 25 Min.
Backzeit: 30 Min.
Pro Stück: ca. 35 kcal, 1 g E, 2 g F, 4 g KH

Pesto-Schnecken

Zutaten

Für den Teig

300 g Vollkorn-Dinkelmehl
2 TL Trockenhefe
3 EL Leinsamen
Meersalz
4 EL Olivenöl

Für das Pesto

100 g Basilikumblätter
1 Knoblauchzehe
80 g getrocknete Tomaten
30 g Sonnenblumenkerne
50 g Parmesan
4 EL Olivenöl

Außerdem

Mehl für die Arbeitsfläche
12er-Muffinform
Öl für die Form

KINDER-LEICHT

Zubereitung

FÜR DEN TEIG alle trockenen Zutaten mit 1 Prise Salz vermengen und Olivenöl unterrühren. Nach und nach 200 ml Wasser zugießen und alles zu einem festen Teig kneten. Abdecken und mindestens 1 Std. ruhen lassen.

IN DER ZWISCHENZEIT für das Pesto die Basilikumblätter waschen und trocken tupfen. Knoblauch schälen. Tomaten in kleine Stücke schneiden. Parmesan grob raspeln. Alle Zutaten für das Pesto in einen Mörser oder einen Mixer geben und zu einer Paste verarbeiten.

DEN BACKOFEN auf 200° vorheizen. Den Teig mit den Händen auseinanderziehen und auf einer bemehlten Arbeitsfläche zu einem dünnen Rechteck (20 × 35 cm) ausrollen. Pesto gleichmäßig darauf verstreichen. Teig vorsichtig der Länge nach aufrollen und die Rolle in zwölf ca. 4 cm dicke Scheiben schneiden. Die Muffinform einfetten und die Schnecken hineinlegen. Im Ofen auf der mittleren Schiene ca. 15 Min. backen, bis die Röllchen goldbraun und knusprig sind.

Für 12 Stück
Zubereitungszeit: 40 Min.
Ruhezeit: 1 Std.
Backzeit: 15 Min.
Pro Stück: ca. 210 kcal, 6 g E, 11 g F, 18 g KH

Brotbällchen

Zutaten

2 Stängel Petersilie
1 Möhre
100 g Graubrot (ersatzweise Misch-
   brot oder Pumpernickel)
100 g Frischkäse
1 Prise gemahlene Kurkuma
1 Prise Currypulver
1 TL Rapsöl

KINDERLEICHT

Zubereitung

PETERSILIE waschen, trocken schütteln und die Blätter abzupfen. Möhre schälen, in Stücke schneiden und in einem
Mixer zerkleinern. Brot hinzufügen und alles fein mahlen.

DIE BROTMISCHUNG in eine Schüssel geben und mit
Frischkäse, Petersilie, Kurkuma und Curry vermengen. Aus
der Masse acht kleine Kugeln formen und diese für
ca. 30 Min. in den Kühlschrank legen.

RAPSÖL in einer kleinen Pfanne erhitzen und die Kugeln
rundherum vorsichtig scharf anbraten.

Für 8 Stück
Zubereitungszeit: 20 Min.
Kühlzeit: 30 Min.
Pro Stück: ca. 65 kcal, 2 g E, 4 g F, 5 g KH

Zweierlei Kichererbsen aus dem Ofen

Zutaten

Für Variante 1 mit Meersalz

1 Dose Kichererbsen
   (Abtropfgewicht)
1 TL Olivenöl
1 TL gemahlener Ros-
   marin
1 TL Zitronensaft
Meersalz

**KINDER-
LEICHT**

Für Variante 2 mit Honig

1 Dose Kichererbsen
   (Abtropfgewicht)
1 TL Olivenöl
1 TL Zimtpulver
1 Prise frisch geriebene Muskatnuss
2 TL Honig

Zubereitung

DEN BACKOFEN auf 200° (Umluft) vorheizen. Die Kichererbsen für beide Rezepte in ein Sieb geben, mit Wasser abbrausen und mit Küchenpapier trocken tupfen. Dann auf zwei
Schüsseln verteilen und mit den jeweiligen Zutaten für die
beiden Varianten vermengen. Dabei die Masse für Variante 1
mit ½ TL Salz abschmecken.

ZWEI BACKBLECHE mit Backpapier auslegen, Kichererbsen
gleichmäßig darauf verteilen und in ca. 30 Min. kross backen, dabei alle 10 Min. wenden. Die Kichererbsen sind fertig, wenn sie außen knusprig und innen noch weich sind.
Luftdicht aufbewahren und in 2–3 Tagen aufbrauchen.

Für jeweils ca. 280 g
Zubereitungszeit: 10 Min.
Backzeit: 30 Min.
Pro Portion (50 g): ca. 30 kcal, 1 g E, 1 g F, 4 g KH

Schnell gewickelt – Wraps

Wraps sind für mich der ultimative Kindersnack. Man kann sie mit der Hand essen, in unzähligen Varianten zubereiten und viele gute Nährstoffe in ihnen verstecken. Diese vier Rezeptideen sollen Dir zeigen, wie vielseitig Du Wraps füllen kannst. Die Zutaten sind berechnet für je eine Vollkorn-Tortilla.

1. Avocado & Bohnen
½ Avocado
2 EL schwarze Kidneybohnen
2 EL Mais (Dose)
3 Scheiben Tomate
Meersalz

Die Tortilla im Ofen bei 180° 4–5 Min erwärmen. Avocado schälen und den Kern entfernen. Das Fruchtfleisch zerdrücken und auf die Tortilla streichen. Restliche Zutaten darauf verteilen. Tortilla seitlich einklappen und fest aufrollen.

3. Frucht & Nuss
1 EL Erdnussmus
1 Handvoll pürierte Himbeeren
1 Banane

Die Tortilla im Ofen bei 180° 4–5 Min erwärmen. Erdnussmus und Himbeeren gleichmäßig darauf verteilen. Die Banane schälen und in die Mitte der Tortilla legen. Tortilla seitlich einklappen und fest aufrollen.

2. Frischkäse & Gemüse
1 EL Frischkäse
1 EL geraspelter Apfel
1 EL geraspelte Möhre
1 EL geraspelte Rote Bete

Die Tortilla im Ofen bei 180° 4–5 Min erwärmen. Den Frischkäse darauf verstreichen. Obst- und Gemüseraspel darauf verteilen. Tortilla seitlich einklappen und fest aufrollen.

4. Tofu & Mayo
1 TL vegane Mayonnaise
1 Streifen Räuchertofu
1 saure Gurke in Stücken
1 Salatblatt
Meersalz

Die Tortilla im Ofen bei 180° 4–5 Min erwärmen. Die Mayonnaise gleichmäßig darauf streichen. Tofu würfeln. Tortilla mit Tofu, Gurke und Salat belegen. Den Belag etwas salzen. Tortilla seitlich einklappen und fest aufrollen.

Schnelle Gerichte

»Als berufstätige Mutter ist es auch für mich eine große Herausforderung, unter der Woche für eine ausgewogene, naturbelassene Ernährung zu sorgen. Es fehlt einfach an allen Ecken und Enden die Zeit. Deshalb habe ich mir nach und nach Gerichte einfallen lassen, die superschnell zuzubereiten sind und garantiert schmecken.

In diesem Kapitel habe ich unsere Favoriten für besonders hektische Tage zusammengefasst. Für die Zubereitung dieser Rezepte brauchst Du höchstens 30 Minuten Zeit und sie gelingen wirklich immer.

Um noch mehr Zeit zu sparen, kannst Du Dir zusätzlich einen Wochenplan erstellen. So erleichterst Du Dir den Einkauf und die Vorbereitungen für die einzelnen Mahlzeiten. Eine mögliche Vorlage dafür findest Du auf Seite 152.«

Schnelle Tomatensauce

VEGAN

Zutaten

1 Schalotte
1 Knoblauchzehe
2 EL Olivenöl
450 g geschälte Tomaten (Dose)
200 g passierte Tomaten (Dose)
½ TL Ahornsirup
1 TL Tomatenmark
½ TL edelsüßes Paprikapulver
Meersalz
1 Bund Basilikum

Zubereitung

SCHALOTTE und Knoblauch schälen, fein hacken und mit 1 EL Olivenöl in einem hohen Topf glasig andünsten. Tomaten dazugeben und verrühren. Sauce 5 Min. bei mittlerer Hitze köcheln lassen.

AHORNSIRUP, das restliche Öl, Tomatenmark, Paprikapulver und ½ TL Salz hinzufügen. Basilikum waschen, trocken schütteln und die Blätter abzupfen. Basilikum zum Schluss in die Sauce einrühren und mit 500 g Pasta nach Wahl servieren.

Für 2 Kinder- und 2 Erwachsenenportionen
Zubereitungszeit: 15 Min.
Pro Portion (Kind): ca. 55 kcal, 2 g E, 4 g F, 4 g KH
Pro Portion (Erwachsener): ca. 110 kcal, 3 g E, 7 g F, 8 g KH

Petersilien-Mandel-Pesto mit Spirelli

Zutaten

50 g Pinienkerne
50 g Mandeln
1 Bund Petersilie
½ Bund Basilikum
½ Zitrone
1 Knoblauchzehe
150 ml Olivenöl
Meersalz
500 g Dinkelspirelli

Zubereitung

PINIENKERNE kurz in einer beschichteten Pfanne anrösten. Mandeln fein hacken. Kräuter waschen, trocken schütteln und grob zerkleinern. Zitrone auspressen.

DEN ZITRONENSAFT mit allen anderen Zutaten, außer den Nudeln, in einen Mörser oder einen Mixer geben und zu einem Pesto verarbeiten. Mit Meersalz abschmecken.

SPIRELLI nach Packungsanweisung al dente kochen und mit 1–2 TL Pesto servieren. Übrig gebliebenes Pesto hält gekühlt und in sterile Einweckgläser gefüllt, mindestens 1–2 Monate. Zum Aufbewahren etwas Öl oben auf das Pesto gießen.

Für 2 Kinder- und 2 Erwachsenenportionen
Zubereitungszeit: 25 Min.
Pro Portion (Kind): ca. 335 kcal, 11 g E, 5 g F, 60 g KH
Pro Portion (Erwachsener): ca. 670 kcal, 22 g E, 10 g F, 119 g KH

Mango-Guacamole

VEGAN

KINDER-LEICHT

Zutaten

2 Avocados
1 Limette
1 Mango
1 Tomate
1 Knoblauchzehe
Meersalz

Zubereitung

AVOCADOS halbieren und die Kerne entfernen. Das Fruchtfleisch herauslösen und mit einer Gabel zerdrücken. Limette auspressen und den Saft über das Avocadofruchtfleisch träufeln, damit es sich nicht braun färbt.

MANGO schälen, den Stein entfernen und das Fruchtfleisch würfeln. Tomate waschen und in kleine Stücke schneiden, dabei den Stielansatz entfernen. Knoblauch schälen und fein hacken. Mango, Tomate und Knoblauch mit dem Avocadomus vermengen und mit Salz abschmecken. Mit Fladenbrot, Mais-Chips oder Sesam-Crackern (siehe Seite 56) servieren.

Für 2 Kinder- und 2 Erwachsenenportionen
Zubereitungszeit: 20 Min.
Pro Portion (Kind): ca. 150 kcal, 2 g E, 14 g F, 6 g KH
Pro Portion (Erwachsener): ca. 300 kcal, 3 g E, 27 g F, 12 g KH

Erbsenpüree mit Kokosmilch

VEGANER BLOG-LIEBLING

Zutaten
1 kleine Zwiebel
1 TL Kokosöl
400 g TK-Erbsen
100 ml Gemüsebrühe
½ Zitrone
50 g Kokosmilch
Meersalz
weißer Pfeffer

Zubereitung
ZWIEBEL schälen und fein hacken. Kokosöl in einem Topf erhitzen. Zwiebel und gefrorene Erbsen darin andünsten. Gemüsebrühe angießen und alles bei mittlerer Hitze ca. 10 Min. kochen lassen.

ZITRONE auspressen. Zitronensaft und Kokosmilch in den Topf geben. Die Masse mit dem Pürierstab fein pürieren und mit Salz und Pfeffer abschmecken. Zu dem Püree passen hervorragend meine Tofu-Nuggets (siehe Seite 78).

Für 2 Kinder- und 2 Erwachsenenportionen
Zubereitungszeit: 20 Min.
Pro Portion (Kind): ca. 59 kcal, 4 g E, 3 g F, 5 g KH
Pro Portion (Erwachsener): ca. 118 kcal, 7 g E, 6 g F, 9 g KH

Kichererbsensuppe

VEGANER BLOG-LIEBLING

Zutaten

150 g TK-Erbsen
400 g Kokosmilch
200 g Kichererbsen (Dose,
    Abtropfgewicht)
1 Frühlingszwiebel
½ Limette
1 TL gemahlene Kurkuma
Meersalz

KINDERLEICHT

Zubereitung

ERBSEN mit 5 EL Kokosmilch in einem Topf erhitzen und bei mittlerer Hitze 5 Min. köcheln lassen. Kichererbsen abbrausen und abtropfen lassen. Dann mit der restlichen Kokosmilch in den Topf geben und verrühren.

FRÜHLINGSZWIEBEL waschen, putzen und in feine Ringe schneiden. Limette auspressen. Frühlingszwiebel, Limettensaft und Kurkuma in die Suppe geben und umrühren. Mit Meersalz abschmecken.

Für 2 Kinder- und 2 Erwachsenenportionen
Zubereitungszeit: 15 Min.
Pro Portion (Kind): ca. 167 kcal, 5 g E, 14 g F, 6 g KH
Pro Portion (Erwachsener): ca. 335 kcal, 10 g E, 27 g F, 12 g KH

Mais-Salat mit Tomaten und Pinienkernen

Zutaten

500 g Mais (Dose)
300 g Kirschtomaten
1 Salatgurke
50 g Pinienkerne

Für das Dressing

1 Schalotte
½ Knoblauchzehe
½ Limette
Meersalz
50 ml Olivenöl
1 EL weißer Balsamicoessig
2 TL Joghurt
1 TL Dijon-Senf
1 TL Agavendicksaft

KINDER-LEICHT

Zubereitung

MAIS in einem Sieb abbrausen und abtropfen lassen. Tomaten waschen, halbieren und die Stielansätze entfernen. Gurke waschen und in kleine Würfel schneiden. Pinienkerne in einer beschichteten Pfanne anrösten und beiseitestellen.

FÜR DAS DRESSING Schalotte und Knoblauch schälen und fein hacken. Limette auspressen. Limettensaft, ½ TL Salz und alle anderen Zutaten des Dressings miteinander vermengen. Tomaten, Mais und Gurke in einer Schüssel mischen. Dressing hinzufügen und den Salat mit Pinienkernen garnieren.

Für 2 Kinder- und 2 Erwachsenenportionen
Zubereitungszeit: 30 Min.
Pro Portion (Kind): ca. 245 kcal, 6 g E, 15 g F, 22 g KH
Pro Portion (Erwachsener): ca. 495 kcal, 11 g E, 30 g F, 44 g KH

Feta-Waffeln

Zutaten

150 g Vollkorn-Dinkelmehl
½ TL Weinsteinbackpulver
Meersalz
2 Eier (M)
3 EL Olivenöl
250 ml Buttermilch
2 Schalotten
2 Stängel Dill
2 Stängel glatte Petersilie
100 g Schafskäse (Feta)

KINDERLEICHT

Außerdem

1 Waffeleisen
Öl für das Waffeleisen

Zubereitung

MEHL mit Backpulver und ½ TL Salz vermischen. Eier trennen und die Eiweiße mit 1 Prise Salz in einem hohen Rührbecher aufschlagen. Eigelbe mit 2 EL Öl und Buttermilch verrühren. Nun nach und nach die Mehlmischung hinzugeben und gleichmäßig unterrühren. Eischnee vorsichtig unterheben.

SCHALOTTEN schälen und fein hacken. Restliches Olivenöl in einer Pfanne erhitzen und Schalotten darin glasig dünsten. Kräuter waschen, trocken schütteln und fein hacken. Feta mit den Fingern zerkrümeln. Kräuter, Schalotten und Feta gleichmäßig in den Teig einrühren.

DAS WAFFELEISEN einfetten, den Teig portionsweise einfüllen und die Waffeln goldbraun ausbacken.

Für 6 Stück
Zubereitungszeit: 30 Min.
Pro Stück: ca. 235 kcal, 10 g E, 13 g F, 19 g KH

Gnocchi mit Kürbissauce

VEGAN

Zutaten

1 Hokkaido-Kürbis (ca. 800 g)
1 EL Olivenöl
500 g Gnocchi
200 ml Gemüsebrühe
50 ml Pflanzendrink nach Wahl
(ungesüßt)

Zubereitung

KÜRBIS waschen, entkernen, in Stücke schneiden und mit Schale fein raspeln.

OLIVENÖL in einem Topf erhitzen. Gnocchi, Kürbisraspel und Gemüsebrühe in den Topf geben und bei mittlerer Hitze 10 Min. köcheln lassen. Dabei gelegentlich umrühren. Nun den Pflanzendrink zugießen und alles weitere 2 Min. unter Rühren köcheln lassen.

Für 2 Kinder- und 2 Erwachsenenportionen
Zubereitungszeit: 30 Min.
Pro Portion (Kind): ca. 245 kcal, 6 g E, 3 g F, 53 g KH
Pro Portion (Erwachsener): ca. 490 kcal, 11 g E, 5 g F, 105 g KH

»Ich habe mich lange gesträubt, den One-Pot-Trend mitzumachen. Alle Zutaten in einen Topf schmeißen und das war's? Gerade bei Pasta kam mir das wie ein Verrat an der italienischen Küche vor. Schließlich siegte aber doch meine Neugier. Seitdem bin ich Fan und kreiere immer wieder neue One-Pot-Gerichte. Die Nudeln verbinden sich auf diese Weise wunderbar mit den einzelnen Aromen, sodass alle Zutaten perfekt zur Geltung kommen.«

One-Pot-Veggie-Bolognese-Penne

Zutaten

1 Knoblauchzehe
2 Möhren
2 EL Olivenöl
150 g Tofu
600 g stückige Tomaten (Dose)
100 g Tomatenmark
200 g Vollkorn-Penne
1 Bund Basilikum
150 g Ricotta
150 g Mozzarella

Zubereitung

KNOBLAUCH schälen und fein hacken. Möhren schälen und in dünne Scheiben schneiden. Olivenöl in einer tiefen und ofenfesten Pfanne oder einem großen Topf erhitzen. Knoblauch und Möhren dazugeben und kurz andünsten. Den Tofu mit den Fingern zerbröseln und mit anbraten.

TOMATEN, Tomatenmark, Penne und 300 ml Wasser dazugeben, gut unterrühren und einmal aufkochen lassen. Die Hitze reduzieren und alles leicht köcheln lassen, bis die Nudeln al dente sind, das dauert ca. 15 Min.

IN DER ZWISCHENZEIT den Backofen auf 200° vorheizen, wenn möglich mit Grillfunktion. Basilikum waschen, trocken schütteln und grob hacken. Ricotta mit den Händen zerbröseln, in die Sauce geben und kurz mitköcheln lassen. Basilikum vorsichtig einrühren. Mozzarella in Scheiben schneiden und die Nudeln damit belegen. Die Pfanne in den Ofen schieben und die Penne auf der obersten Schiene für ca. 5 Min. backen, bis der Käse zerlaufen und goldbraun ist.

KINDER-LEICHT

Für 2 Kinder- und 2 Erwachsenenportionen
Zubereitungszeit: 25 Min.
Backzeit: 5 Min.
Pro Portion (Kind): ca. 313 kcal, 17 g E, 15 g F, 28 g KH
Pro Portion (Erwachsener): ca. 625 kcal, 33 g E, 29 g F, 55 g KH

Kleine Erfinder:

Du kannst mit Deinem Kind immer wieder neue One-Pot-Ideen kreieren. Die einzig wichtige Regel dabei ist, nicht zu viel Flüssigkeit zu verwenden, sonst werden die Nudeln matschig. Wenn Du nur Wasser nimmst, reichen 850–900 Milliliter für 250 Gramm Nudeln. So kann bei Deiner One-Pot-Pasta nichts schiefgehen.

Nachhaltig einkaufen und kochen

Wir leben in einem Land mit unbegrenztem Zugang zu frischem Wasser und gesunden Lebensmitteln. Ein Privileg, das mit Verantwortung einhergeht. Für mich gibt es kaum eine wichtigere Aufgabe, als Johannes Achtsamkeit gegenüber Mensch und Natur beizubringen. Um nachhaltig einzukaufen und zu kochen, reichen oft schon ein paar kleine Veränderungen in den täglichen Gewohnheiten. Hier einige Vorschläge:

Einkaufszettel schreiben

Gut vorbereitet einkaufen zu gehen, beugt nicht nur Stress vor, es hilft auch dabei, Fehlkäufe zu vermeiden. Hierbei kann Dir mein Wochenplaner (siehe Seite 152) eine Hilfe sein. Gehe am besten gut gesättigt los, denn mit leerem Magen neigt man dazu, Dinge in den Wagen zu werfen, die man eigentlich nicht braucht.

Unverpackte Lebensmittel kaufen

Bitte die Dame an der Käsetheke, Deine Ware in mitgebrachte Dosen einzupacken, so sparst Du Verpackungsmaterial und reduzierst Müll. Für Obst und Gemüse eignen sich kleine, wiederverwendbare Baumwollbeutel. Damit lassen sich die Lebensmittel leichter wiegen und transportieren. Auch Brot vom Bäcker kannst Du Dir in Baumwollbeutel packen lassen.

Saisonal und regional einkaufen

Wir haben uns daran gewöhnt, alles immer und überall zu bekommen. Das geht oft auf Kosten der Umwelt und der Menschen, die diese Dinge produzieren. Versuche deshalb, möglichst saisonale und regionale Ware einzukaufen, zum Beispiel auf dem Wochenmarkt. Als Hilfestellung dient Dir der Saisonkalender auf Seite 150.

Essensreste weiterverwerten

Bevor Du Lebensmittel wegwirfst, überlege Dir, ob man daraus nicht noch etwas zaubern kann. Altes Brot wird wieder wie frisch, wenn Du es mit Wasser bepinselt für ein paar Minuten in den Ofen legst. Oder Du machst daraus meine Brotbällchen (siehe Seite 58). Überreife Bananen eignen sich prima, um daraus Eis herzustellen oder auch als Zuckerersatz im Kuchen.

Kinder-Klassiker

»Sehen wir der Tatsache ins Auge – wir können unsere Kinder nicht vor allem bewahren und unser Einfluss auf sie schrumpft von Jahr zu Jahr. Und das ist auch richtig und gut so.

Seit Johannes in den Kindergarten geht und Freunde hat, kennt er natürlich auch die typischen Fast-Food-Gerichte wie Pizza, Pommes und Hamburger. Ich halte es auch nicht für richtig, ihm diese Dinge zu verbieten oder ihm mit Nachdruck einzutrichtern, dass sie ungesund sind. Je mehr ich Fast Food verteufele, desto spannender wird er es später finden. Ich vertraue darauf, dass wir ihm zu Hause eine Basis mitgeben, die ihn dann durchs Leben tragen wird.

Wenn Du aber trotz aller Bemühungen das Gefühl hast, Deine Kinder essen nur noch Pizza und Burger, möchte ich Dir dieses Kapitel ans Herz legen. Ich habe einige typische Kinder-Favoriten neu interpretiert und mit nährstoffreichen Zutaten aufgewertet. Vielleicht ist eines dieser Gerichte der erste Schritt, um Dein Kind (wieder) an Gemüse heranzuführen und ihm zu zeigen, dass auch gesundes Essen lecker sein kann.«

Tofu-Nuggets

VEGAN

Zutaten

500 g Tofu
100 g Kokosflocken
50 g Vollkorn-Dinkelmehl
1 Bio-Zitrone
Meersalz
½ TL edelsüßes Paprikapulver
½ EL Kokosöl

KINDERLEICHT

Außerdem

Ausstecher nach Belieben

Zubereitung

TOFU in Streifen schneiden und nach Belieben entweder würfeln oder mit Ausstechern schöne Formen ausstechen. Kokosflocken in einen tiefen Teller geben. Mehl mit 100 ml Wasser in einem weiteren tiefen Teller mischen. Zitrone heiß waschen, abtrocknen und die Schale abreiben. Die Mehlmischung mit Zitronenabrieb, ½ TL Salz und Paprika würzen. Nun die Tofu-Nuggets erst in der Mehlmischung und dann in den Kokosflocken wenden.

KOKOSÖL in einer Pfanne erhitzen und die Nuggets darin von beiden Seiten goldbraun anbraten. Mit Pastinaken-Pommes (siehe Seite 79) und selbst gemachtem Ketchup (siehe Seite 28) servieren.

Für 2 Kinder- und 2 Erwachsenenportionen
Zubereitungszeit: 40 Min.
Pro Portion (Kind): ca. 230 kcal, 11 g E, 17 g F, 8 g KH
Pro Portion (Erwachsener): ca. 465 kcal, 22 g E, 34 g F, 16 g KH

Pastinaken-Pommes

VEGAN

Zutaten

1 kg Pastinaken (ersatzweise Kohlrabi, Süßkartoffeln oder Rote
Beten)
2 EL Kokosöl
1 TL Currypulver
1 TL edelsüßes Paprikapulver
½ TL gemahlene Kurkuma
Meersalz

KINDERLEICHT

Zubereitung

DEN BACKOFEN auf 180° (Umluft) vorheizen. Pastinaken gründlich waschen, schälen und in lange, dünne Pommes frites schneiden.

KOKOSÖL in einem Topf bei geringer Hitze schmelzen. Die Pommes in eine Schüssel geben und mit Öl und Gewürzen vermengen. Zwei Backbleche mit Backpapier auslegen und die Pastinaken-Pommes gleichmäßig darauf verteilen (sie sollten nicht überlappen). Pommes in ca. 35 Min. im Ofen auf der mittleren Schiene goldbraun backen, dabei gelegentlich wenden. Dazu passt besonders gut mein selbst gemachtes Ketchup (siehe Seite 28).

Für 2 Kinder- und 2 Erwachsenenportionen
Zubereitungszeit: 20 Min.
Backzeit: 35 Min.
Pro Portion (Kind): ca. 110 kcal, 2 g E, 4 g F, 16 g KH
Pro Portion (Erwachsener): ca. 215 kcal, 4 g E, 8 g F, 32 g KH

Mini-Hamburger

Zutaten

Für die Brötchen

25 g frische Hefe
60 ml Buttermilch
125 g Vollkorn-Dinkelmehl
100 g Roggenmehl
½ TL Vollrohrzucker
1 EL Backmalz | Salz
50 g Sesam

KINDERLEICHT

Außerdem

Mehl für die Arbeitsfläche

Für die Bratlinge

50 g Kichererbsen (Dose)
50 g Mais (Dose)
300 g Kidneybohnen (Dose)
1 Zwiebel
1 Bio-Limette
3 EL feine Haferflocken
Meersalz
½ TL edelsüßes Paprikapulver
½ TL gemahlener Kreuzkümmel
½ TL gemahlener Koriander
1 TL Tomatenmark
½ TL Senf
2 EL Rapsöl

Für den Belag

1 Knoblauchzehe
1 Avocado
½ Limette
6 Kirschtomaten
6 Mini-Mozzarella
50 g Feldsalat

Zubereitung

FÜR DIE BRÖTCHEN Hefe in 125 ml Wasser auflösen. Dann alle Zutaten außer dem Sesam mit 1½ TL Salz verkneten. Den Teig zugedeckt in der Wärme ca. 1 Std. gehen lassen.

IN DER ZWISCHENZEIT den Backofen auf 200° vorheizen. Den Teig nach der Gehzeit auf einer bemehlten Arbeitsfläche kurz durchkneten und sechs kleine Brötchen daraus formen. Die Brötchen auf ein mit Backpapier ausgelegtes Backblech legen, mit etwas Wasser bestreichen und mit Sesam bestreuen. Nochmals ca. 10 Min. gehen lassen. Dann im Ofen auf der mittleren Schiene in ca. 20 Min. goldbraun backen.

FÜR DIE BRATLINGE Kichererbsen, Mais und Kidneybohnen in einem Sieb abbrausen, abtropfen lassen und in einem Mixer grob pürieren. Zwiebel schälen und hacken. Limette waschen, abtrocknen und Schale abreiben. Haferflocken, Limettenabrieb, 1 Prise Salz und alle anderen Bratlingzutaten außer dem Öl mit dem Püree vermengen. 30 Min. im Kühlschrank quellen lassen.

FÜR DEN BELAG Knoblauch schälen und hacken. Avocado halbieren, Kern entfernen, das Fruchtfleisch herauslöffeln und mit dem Knoblauch zu Mus zerdrücken. Limette auspressen. Den Saft unter das Mus rühren und dieses beiseitestellen. Die Bratlingmasse aus dem Kühlschrank nehmen und sechs Pattys daraus formen. Rapsöl in einer Pfanne erhitzen und die Bratlinge in ca. 10 Min. goldbraun braten.

KIRSCHTOMATEN waschen, halbieren und Stielansätze entfernen. Mini-Mozzarella in Scheiben schneiden. Feldsalat verlesen und waschen. Roggenbrötchen aufschneiden, mit Avocadomus bestreichen und mit Bratlingen, Tomatenhälften, Mozzarellascheiben und Feldsalat belegen. Brötchen zuklappen und servieren.

Für 6 Stück
Zubereitungszeit: 1 Std.
Ruhezeit: 1 Std. 30 Min.
Pro Stück: ca. 410 kcal, 14 g E, 17 g F, 47 g KH

Grünkohl-Lasagne

Zutaten

250 g Grünkohl (frisch oder TK)
½ Zwiebel
1 Knoblauchzehe
2 EL Olivenöl
100 g Frischkäse
Meersalz
weißer Pfeffer
frisch geriebene Muskatnuss
375 g geschälte Tomaten (Dose)
½ TL edelsüßes Paprikapulver
10 Vollkorn-Lasagneplatten
100 g Büffel-Mozzarella
100 g Parmesan
50 g Kürbiskerne

KINDERLEICHT

Zubereitung

DEN BACKOFEN auf 200° vorheizen. Grünkohl gründlich waschen, putzen und fein hacken, TK-Ware etwas antauen lassen. Zwiebel und Knoblauch schälen und fein hacken. 1 EL Olivenöl in einem hohen Topf erhitzen. Zwiebel darin glasig andünsten. Grünkohl hinzufügen und mitdünsten, bis er zusammengefallen bzw. vollständig aufgetaut ist. Nun den Frischkäse sowie ½ TL Salz unterrühren und mit Pfeffer und Muskat abschmecken.

TOMATEN und Knoblauch in einem Mixer fein pürieren. Mit ½ TL Salz und mit Paprika kräftig würzen. Ein wenig Tomatensauce in eine Auflaufform (ca. 15 × 20 cm) geben. Lasagneplatten, Tomatensauce und Grünkohl im Wechsel übereinanderschichten. Büffel-Mozzarella in Scheiben schneiden, Parmesan reiben. Beides als letzte Schicht auf der Lasagne verteilen. Mit Kürbiskernen bestreuen und mit dem restlichen Olivenöl beträufeln. Die Lasagne im Ofen auf der mittleren Schiene 30 Min. backen, bis der Käse geschmolzen und goldbraun ist.

Für 2 Kinder- und 2 Erwachsenenportionen
Zubereitungszeit: 35 Min.
Backzeit: 30 Min.
Pro Portion (Kind): ca. 365 kcal, 15 g E, 21 g F, 28 g KH
Pro Portion (Erwachsener): ca. 735 kcal, 30 g E, 43 g F, 56 g KH

Gemüse-Spaghetti

VEGAN

Zutaten

200 g Cashewkerne
2 Zucchini
2 dünne, längliche Süßkartoffeln
250 g Champignons
1 Zwiebel
1 Knoblauchzehe
½ Bund Petersilie
1 TL Senf
50 ml Gemüsebrühe
1 TL getrockneter Thymian
1 EL Zitronensaft
1 EL Olivenöl
1 EL Sojasauce

KINDERLEICHT

Außerdem

1 Spiralschäler (ersatzweise Spar-
schäler)

Zubereitung

CASHEWKERNE über Nacht in Wasser einweichen. Zucchini waschen, Süßkartoffeln schälen. Beides mit dem Spiralschneider in lange Gemüse-Spaghetti schneiden. Champignons putzen und klein schneiden. Zwiebel und Knoblauch schälen und fein hacken. Petersilie waschen, trocken schütteln und klein hacken, 2 EL davon beiseitestellen.

KNOBLAUCH und Cashewkerne in einem Mixer cremig pürieren. Senf, Gemüsebrühe, Thymian, Zitronensaft und Petersilie hinzufügen und nochmals mixen. Wenn die Masse zu dick ist, noch etwas Gemüsebrühe dazugeben.

OLIVENÖL in einer großen Pfanne erhitzen. Zwiebel darin glasig andünsten. Champignons ca. 3 Min. mitdünsten. Sojasauce angießen. Gemüse-Nudeln dazugeben und so lange braten, bis sie zusammenfallen. Cashewsauce hinzufügen, kurz aufkochen und bei mittlerer Hitze 2 Min. köcheln lassen. Mit der restlichen Petersilie garnieren.

Für 2 Kinder- und 2 Erwachsenenportionen
Zubereitungszeit: 45 Min.
Quellzeit: über Nacht
Pro Portion (Kind): ca. 318 kcal, 10 g E, 17 g F, 33 g KH
Pro Portion (Erwachsener): ca. 635 kcal, 19 g E, 33 g F, 65 g KH

»Hier kommt noch eine Hommage an meine Lieblingsinsel, die kulinarisch weit mehr zu bieten hat als Paella und Sangria. Die beste Coca Mallorquina habe ich in Palma gegessen. Man nennt sie auch spanische Pizza, was die Einheimischen aber nicht so gerne hören. Eine Coca wird meist ohne Sauce und ohne Käse zubereitet. Ich habe mich hier also weit aus dem Fenster gelehnt und hoffe sehr, dass mir die Mallorquiner meine Interpretation nicht übel nehmen.«

Coca Mallorquina

Zutaten
Für den Teig
12 g frische Hefe
250 g Vollkorn-Dinkelmehl
Salz
50 ml Olivenöl
1 Eigelb
½ TL Vollrohrzucker

Für die Sauce
100 g Baby-Blattspinat
2 Knoblauchzehen
Meersalz
40 g Walnusskerne
70 ml Olivenöl

Für den Belag
1 gelbe Paprika
1 Zwiebel
6 Kirschtomaten
1 EL Olivenöl
Meersalz

KINDER-LEICHT

Außerdem
Mehl für die Arbeitsfläche

Zubereitung
FÜR DEN TEIG die Hefe zerbröseln und im 100 ml lauwarmem Wasser auflösen. Mehl in eine Schüssel sieben und mit 1 TL Salz und den restlichen Zutaten mindestens 10 Min. lang zu einem glatten Teig verkneten. Teig zu einer Kugel formen und zugedeckt in der Wärme rund 45 Min. gehen lassen.

IN DER ZWISCHENZEIT den Backofen auf 180° vorheizen. Den Teig auf einer bemehlten Fläche 2–3 cm dick rund ausrollen, dabei einen kleinen Rand stehen lassen. Für die Sauce den Spinat waschen. Knoblauch schälen und mit 1 TL Salz und den anderen Saucenzutaten im Mixer pürieren.

FÜR DEN BELAG Paprika halbieren, weiße Trennwände und Kerne entfernen, die Hälften waschen und klein schneiden. Zwiebel schälen und in Würfel schneiden. Tomaten waschen, halbieren und Stielansätze entfernen. Den Pizzaboden auf ein mit Backpapier ausgelegtes Backblech legen. Die Sauce auf dem Teig verstreichen und mit dem Gemüse belegen. Pizza mit Olivenöl beträufeln, salzen und im Ofen auf der mittleren Schiene ca. 30 Min. backen.

Für 1 Pizza mit 35 cm ⌀
Zubereitungszeit: 45 Min.
Ruhezeit: 45 Min.
Backzeit: 30 Min.
Pro Portion (Kind): ca. 400 kcal, 9 g E, 26 g F, 30 g KH
Pro Portion (Erwachsener): ca. 805 kcal, 18 g E, 53 g F, 61 g KH

Für unterwegs:

Die Coca ist ein superpraktisches Gericht. Sie schmeckt frisch aus dem Ofen, aber auch kalt am nächsten Morgen. Du kannst sie also prima vorbereiten. Sie eignet sich auch perfekt als Pausensnack für die Schule oder auf dem Spielplatz.

Ungesundes klug und köstlich ersetzen

Du musst nicht gleich Eure kompletten Essgewohnheiten über Bord werfen, um mit Deiner Familie etwas gesünder zu leben. Es reicht für den Anfang, wenn Du einige Lebensmittel durch nahrhaftere Alternativen ersetzt:

Vollkorn- oder Gemüse-Nudeln

Johannes könnte immer und überall Nudeln essen. Ich greife auf die gesünderen Varianten aus Vollkorn zurück oder zaubere mit dem Spiralschneider leckere Gemüse-Nudeln (siehe Seite 83). Mittlerweile findet man auch interessante Sorten aus Kichererbsen oder Linsen, die für mehr Abwechslung sorgen.

Alternative Süßungsmittel

Wenn Du Dir meine Rezepte anschaust, wirst Du schnell merken, wie viele Möglichkeiten es gibt, um Zucker zu ersetzen (siehe Seite 16). Auch Zuckeralternativen wie Bananen, Apfelmus, Ahornsirup oder Honig sollten allerdings nur in Maßen genossen werden. Gesünder als der raffinierte Weißzucker sind sie aber allemal.

Süßes und Knabberzeug

Anstelle von Gummibärchen oder anderen Süßigkeiten kannst Du Deinem Kind gut Rosinen oder Trockenfrüchte anbieten. Salzige Snacks ersetze ich durch Nüsse, geröstete Kichererbsen (siehe Seite 59), gewürztes Popcorn oder selbst gemachte Gemüsechips.

Eis homemade

Natürlich darf es im Sommer auch mal eine Kugel Eis von der Eisdiele um die Ecke sein. Aber viel schöner und gesünder ist es, Eis selbst zu machen. Einfach gefrorene Früchte mit Joghurt oder Milch in den Mixer geben und fertig. Oder probier doch mal meine Frozen-Joghurt-Riegel (siehe Seite 123). Eis am Stiel funktioniert auch wunderbar mit reinem Obstpüree.

Familien-Hits

»Von der ersten Beikost an habe ich darauf geachtet, dass Johannes das Gleiche zu essen bekam wie wir. Zu Beginn haben wir ihm unsere Gerichte ohne Gewürze zu einem klassischen Babybrei püriert. Als er dann etwa neun Monate alt war, bekam er die ersten Häppchen auf seinen Teller gelegt und konnte selbstständig danach greifen. So wurde er von klein auf in das Familienessen integriert.

Noch heute zehren wir von dieser Zeit, auch wenn es mit zunehmendem Alter schwieriger wird, Johannes von bestimmten Gerichten zu überzeugen. Es bleibt nicht aus, dass er hin und wieder den Teller mürrisch von sich schiebt und etwas anderes verlangt. Dann heißt es locker bleiben. Wir zwingen ihn nicht zum Essen. Meistens siegt aber doch die Neugierde, wenn er David und mich beim Genießen sieht, und er möchte schließlich von sich aus einen Löffel probieren. Wenn es ihm dann immer noch nicht schmeckt, biete ich ihm eine Alternative an.

Ich versuche, beim Kochen auf die Wünsche aller einzugehen, ohne daraus mehrstündige Küchenschlachten werden zu lassen. Mit der Zeit haben sich so einige Gerichte etabliert, die kindgerecht sind und trotzdem der ganzen Familie schmecken.«

Gemüsesuppe

VEGAN

Zutaten

500 g Suppengemüse (Möhren,
    Sellerie, Lauch)
4 festkochende Kartoffeln
80 g Mangold
1 EL Olivenöl
1 Lorbeerblatt
1 l Gemüsebrühe
100 g geschälte Tomaten (Dose)
frisch geriebene Muskatnuss
gemahlener Kreuzkümmel
Salz
1 Bund Petersilie

Zubereitung

MÖHREN, Sellerie und Kartoffeln schälen. Möhren in Scheiben, Sellerie und Kartoffeln in kleine Würfel schneiden. Lauch waschen und in dünne Ringe schneiden. Mangold waschen und in Streifen schneiden.

IN EINEM GROSSEN TOPF das Öl erhitzen. Kartoffeln, Möhren und Sellerie ca. 2 Min. darin andünsten. Lauch hinzugeben und ebenfalls kurz andünsten. Dann das Lorbeerblatt dazugeben. Mit Gemüsebrühe aufgießen, kurz aufkochen und 15–20 Min. köcheln lassen. Mangold und Tomaten hinzugeben und mit je 1 Prise Muskat, Kreuzkümmel sowie Salz abschmecken. Petersilie waschen trocken schütteln, klein schneiden und in die Suppe einrühren.

Für 2 Kinder- und 2 Erwachsenenportionen
Zubereitungszeit: 35 Min.
Pro Portion (Kind): ca. 80 kcal, 3 g E, 3 g F, 11 g KH
Pro Portion (Erwachsener): ca. 165 kcal, 6 g E, 5 g F, 22 g KH

Süßkartoffelsuppe mit Granatapfel-Topping

VEGAN

Zutaten

350 g Süßkartoffeln
150 g Möhren
½ Zwiebel
1 Stück Ingwer (ca. 3 cm lang)
1 ½ EL Kokosöl
550 ml Gemüsebrühe
150 g cremige Kokosmilch
1 TL Currypulver
1 ½ TL gemahlene Kurkuma
Meersalz
gemahlener weißer Pfeffer
1 Avocado
½ Zitrone
1 Granatapfel

KINDERLEICHT

Zubereitung

SÜSSKARTOFFELN und Möhren schälen und klein schneiden. Zwiebel und Ingwer schälen und fein hacken. Öl in einem großen Topf erhitzen. Zwiebel darin glasig andünsten. Süßkartoffel- und Möhrenstücke sowie Ingwer in den Topf geben. Mit Gemüsebrühe aufgießen und ca. 15 Min. köcheln lassen. Wenn das Gemüse weich ist, alles mit einem Pürierstab fein pürieren. 100 g Kokosmilch, Curry und Kurkuma hinzugeben. Mit Salz und Pfeffer abschmecken.

AVOCADO halbieren, Kern entfernen, das Fruchtfleisch herauslöffeln und in mundgerechte Stücke schneiden. Zitrone auspressen und Avocado mit Zitronensaft beträufeln. Den Granatapfel halbieren und die Kerne auslösen. Die Suppe portionsweise verteilen und die restliche Kokosmilch daraufgeben. Mit Avocado und Granatapfelkernen garnieren.

Für 2 Kinder- und 2 Erwachsenenportionen
Zubereitungszeit: 45 Min.
Pro Portion (Kind): ca. 225 kcal, 3 g E, 15 g F, 21 g KH
Pro Portion (Erwachsener): ca. 450 kcal, 6 g E, 29 g F, 41 g KH

»In den Herbstmonaten geht für uns nichts über einen deftigen Eintopf, der den Körper von innen wärmt und schön satt macht. Danach auf der Couch einkuscheln und ein Bilderbuch nach dem nächsten angucken – so verbringen wir gern einen grauen Herbsttag und freuen uns über das gute Essen und darüber, dass wir zusammen sind und ein gemütliches Zuhause haben. Zu diesem Chili ohne Chili schmeckt uns ein Brot mit Frischkäse besonders gut.«

Chili sin Carne sin Chili

Zutaten

2 Zwiebeln

1 Möhre

1 grüne Paprika

100 g Tofu

300 g Kidneybohnen (Dose)

½ Knoblauchzehe

1 EL Rapsöl

50 g Tomatenmark

1 TL Ahornsirup

Salz

1 TL edelsüßes Paprikapulver

1 TL gemahlener Kreuzkümmel

1 TL getrockneter Majoran

1 Lorbeerblatt

400 ml Gemüsebrühe

400 g stückige Tomaten (Dose)

250 g Mais (Dose)

KINDER-LEICHT

Zubereitung

ZWIEBELN schälen und in Würfel schneiden. Möhre schälen und in feine Scheiben schneiden. Paprika halbieren, weiße Trennwände und Kerne entfernen, die Hälften waschen und in kindermundgerechte Stücke schneiden. Tofu zwischen den Fingern zerbröseln. Kidneybohnen abbrausen, abtropfen lassen und mit den Fingern leicht andrücken. Knoblauch schälen und fein hacken.

RAPSÖL in einer Pfanne erhitzen. Tofu 5 Min. scharf anbraten. Zwiebeln, Knoblauch, Möhre, Paprika, Tomatenmark, Ahornsirup, ½ TL Salz und alle anderen Gewürze hinzugeben und kurz andünsten. Mit Gemüsebrühe und stückigen Tomaten ablöschen. Bei geringer Hitze ca. 30 Min. ohne Deckel köcheln lassen. Mais abbrausen, abtropfen lassen, mit den Kidneybohnen hinzugeben und weitere 10 Min. köcheln lassen. Vor dem Servieren das Lorbeerblatt entfernen.

Für 2 Kinder- und 2 Erwachsenenportionen
Zubereitungszeit: 1 Std.
Pro Portion (Kind): ca. 168 kcal, 9 g E, 4 g F, 23 g KH
Pro Portion (Erwachsener): ca. 335 kcal, 17 g E, 8 g F, 46 g KH

Indisches Dal mit roten Linsen

BLOG-LIEBLING

Zutaten

350 g Hokkaido-Kürbis
1 Paprika (gelb oder rot)
100 g rote Linsen
1 Zwiebel
1 Stück Ingwer (2 cm lang)
1 TL Ghee
2 TL Currypulver
1 TL gemahlene Kurkuma
1 TL gemahlener Koriander
1 TL edelsüßes Paprikapulver
200 ml Gemüsebrühe
½ Zitrone
50 g Kokosmilch
Meersalz
1 TL Ahornsirup

KINDERLEICHT

Zubereitung

KÜRBIS waschen und im Backofen bei 200° 15–20 Min. vorbacken, damit er etwas weich wird und sich besser verarbeiten lässt. Dann mit Schale in kindermundgerechte Stücke schneiden. Paprika halbieren, weiße Trennwände und Kerne entfernen, die Hälften waschen und ebenfalls in kindermundgerechte Stücke schneiden. Linsen in der doppelten Menge Wasser ca. 15 Min. köcheln lassen. Dann abgießen.

IN DER ZWISCHENZEIT Zwiebel und Ingwer schälen und fein hacken. Ghee in einem Topf erhitzen, Zwiebel und Ingwer kurz darin andünsten. Die Gewürze hinzugeben. Kürbis und Paprika ebenfalls hinzugeben und kurz mitdünsten. Gemüsebrühe angießen und alles ca. 15 Min. köcheln lassen. Dann die gekochten Linsen hinzufügen. Zitrone auspressen. Vor dem Servieren Kokosmilch in das Dal rühren und mit Salz, Zitronensaft und Ahornsirup abschmecken.

Für 2 Kinder- und 2 Erwachsenenportionen
Zubereitungszeit: 45 Min.
Pro Portion (Kind): ca. 130 kcal, 6 g E, 3 g F, 20 g KH
Pro Portion (Erwachsener): ca. 260 kcal, 12 g E, 6 g F, 40 g KH

Ofengemüse-Curry

VEGAN

Zutaten

1 Blumenkohl
2 Möhren
2 Paprika (rot und gelb)
100 g Zuckerschoten
1 EL Sesamöl
Meersalz
150 g Natur-Reis

KINDER-LEICHT

Für die Sauce

1 Knoblauchzehe
1 Stück Ingwer (ca. 1 ½ cm)
1 Bund Koriandergrün
300 g Kokosmilch
50 ml Sojasauce
2 EL Currypulver
1 TL gemahlene Kurkuma
Meersalz
1 reife Banane
3 EL Erdnussmus

Zubereitung

DEN BACKOFEN auf 200° vorheizen. Blumenkohl putzen und in Röschen teilen. Möhren schälen und in Stifte schneiden. Paprika halbieren und entkernen. Paprikahälften und Zuckerschoten waschen und in mundgerechte Stücke schneiden. Das Gemüse mit Öl und ½ TL Salz vermengen, auf ein mit Backpapier ausgelegtes Backblech legen und im Ofen 30 Min. auf der mittleren Schiene backen.

DEN REIS in der Zwischenzeit mit der doppelten Menge Wasser und ½ TL Salz zum Kochen bringen. Bei geringer Hitze ca. 30 Min. garen.

KNOBLAUCH und Ingwer in der Zwischenzeit schälen und hacken. Koriander waschen und trocken tupfen. Kokosmilch, Sojasauce, Knoblauch, Ingwer, Koriander und die Gewürze pürieren. Mit Salz abschmecken. Sauce in einer Pfanne aufkochen lassen. Banane schälen, in Scheiben schneiden, mit dem Erdnussmus dazugeben und verrühren. Sauce zum Gemüse geben und mit Reis servieren.

Für 2 Kinder- und 2 Erwachsenenportionen
Zubereitungszeit: 45 Min.
Pro Portion (Kind): ca. 333 kcal, 11 g E, 17 g F, 32 g KH
Pro Portion (Erwachsener): ca. 665 kcal, 22 g E, 34 g F, 64 g KH

»Der Disneyfilm ›Ratatouille‹ hat dem gleichnamigen Gemüsegericht ein famoses Comeback beschert. Zu Recht, wie ich finde. Denn richtig zubereitet und abgeschmeckt, ist es ein fantastischer Sommergenuss. Streng genommen ist meine Variante kein echtes Ratatouille, sondern wird Tian provencal genannt. Während das Original in der Pfanne zubereitet wird, kommt mein Gericht in eine Auflaufform und wird gebacken. Es ist also eine Art Gratin ohne Käse.«

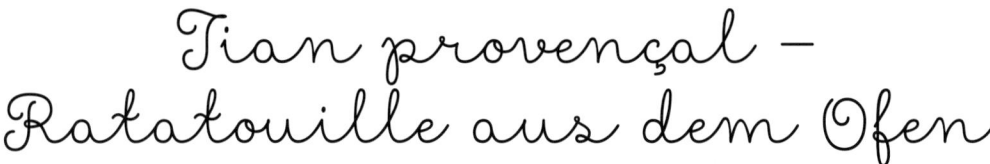

Tian provençal – Ratatouille aus dem Ofen

VEGAN

Zutaten
1 Aubergine
1 Zucchino
2 gelbe Paprika
1 große Zwiebel
500 ml schnelle Tomatensauce
   (siehe Seite 64, ersatzweise aus
   dem Tetrapak)
6 Salbeiblätter
1 EL Olivenöl
Salz

KINDERLEICHT

Zubereitung
DEN BACKOFEN auf 180° vorheizen. Aubergine und Zucchino waschen, die Enden abschneiden und das Gemüse in gleichmäßig dünne Scheiben schneiden. Paprika waagerecht halbieren, weiße Trennwände und Kerne entfernen, die Hälften waschen und in Kreise schneiden. Die Kreise halbieren. Zwiebel schälen und in Ringe schneiden.

EINE AUFLAUFFORM mit Backpapier auslegen. Die Sauce darin verteilen und das Gemüse abwechselnd hineinschichten. Salbeiblätter zwischen dem Gemüse verteilen. Alles mit Olivenöl beträufeln, mit 1 TL Salz würzen und mit einem passenden Stück Backpapier abdecken. Das Gemüse im Ofen auf der mittleren Schiene 40 Min. backen. Backpapier entfernen und den Auflauf weitere 10 Min. backen, bis das Gemüse leicht gebräunt ist.

Für 2 Kinder- und 2 Erwachsenenportionen
Zubereitungszeit: 30 Min.
Backzeit: 50 Min.
Pro Portion (Kind): ca. 103 kcal, 2 g E, 7 g F, 6 g KH
Pro Portion (Erwachsener): ca. 205 kcal, 4 g E, 13 g F, 11 g KH

Eat the Rainbow!

Die einfachste Eselsbrücke für gesunde Ernährung. Denn die Farben der Lebensmittel sagen viel über ihren Nährstoffgehalt aus und je bunter Du Deinen Speiseplan gestaltest, desto besser. Mit diesem Ratatouille hast Du Dein Tagessoll schon gut erfüllt.

Tomaten-Graupen-Risotto

BLOG-LIEBLING

Zutaten

200 g Perlgraupen
4 kleine Möhren
2 Schalotten
1 Knoblauchzehe
30 g Ghee
2 EL Olivenöl
700 ml Gemüsebrühe
1 Dose stückige Tomaten
300 g passierte Tomaten (Dose)
1 Bio-Zitrone
4 Zweige Thymian
1 TL edelsüßes
　Paprikapulver
1 Lorbeerblatt
100 g Parmesan

KINDER-LEICHT

Zubereitung

PERLGRAUPEN gründlich waschen und abtropfen lassen. Möhren und Schalotten schälen und in kleine Würfel schneiden. Knoblauch schälen und fein hacken. Ghee und Öl in einem Topf erhitzen. Schalotten, Knoblauch und Möhren 5 Min. darin anschwitzen.

GRAUPEN, Brühe, stückige und passierte Tomaten hinzugeben und aufkochen lassen. Zitrone heiß waschen, abtrocknen und die Schale abreiben. Thymianzweige, Zitronenabrieb, Paprikapulver und Lorbeerblatt in den Topf geben. Alles gut verrühren und bei schwacher Hitze 45 Min. köcheln lassen. Dabei gelegentlich umrühren.

IN DER ZWISCHENZEIT den Parmesan fein raspeln und unter den Risotto rühren, sobald die Flüssigkeit fast komplett aufgesogen ist. Vor dem Servieren Thymianzweige und Lorbeerblatt entfernen.

Für 2 Kinder- und 2 Erwachsenenportionen
Zubereitungszeit: 1 Std.
Pro Portion (Kind): ca. 293 kcal, 11 g E, 14 g F, 30 g KH
Pro Portion (Erwachsener): ca. 585 kcal, 22 g E, 27 g F, 59 g KH

Zitronenhirse mit grünem Spargel

Zutaten
150 g Hirse
1 EL Apfelessig
300 g grüner Spargel
1 Knoblauchzehe
1 EL Olivenöl
Meersalz
schwarzer Pfeffer
200 g Parmesan
1 Bio-Zitrone

Zubereitung
HIRSE mit Essig in warmem Wasser über Nacht einweichen. Am nächsten Tag mit reichlich heißem Wasser abbrausen und mit 450 ml Wasser in einem Topf zum Kochen bringen. Hitze reduzieren und die Hirse 12–15 Min. köcheln lassen. Herd ausschalten und die Hirse für weitere 5 Min. quellen lassen, bis die Flüssigkeit komplett aufgesogen ist.

In der Zwischenzeit Spargel waschen, Enden abschneiden und die Stangen in dünne, schräge Scheiben schneiden. Knoblauch schälen und fein hacken. Öl erhitzen und den Knoblauch kurz darin andünsten. Spargel hinzufügen und ca. 8 Min. anbraten. Mit je 1 Prise Salz und Pfeffer würzen.

PARMESAN fein reiben. Zitrone heiß waschen, abtrocknen und Schale abreiben. Spargel zur Hirse geben und vorsichtig Parmesan und Zitronenabrieb unterheben.

KINDERLEICHT

Für 2 Kinder- und 2 Erwachsenenportionen
Zubereitungszeit: 40 Min.
Einweichzeit: über Nacht
Pro Portion (Kind): ca. 235 kcal, 15 g E, 12 g F, 18 g KH
Pro Portion (Erwachsener): ca. 470 kcal, 30 g E, 23 g F, 36 g KH

Gebackener Blumenkohl mit Tomatenkruste

Zutaten

½ Blumenkohl
Salz
½ Zitrone
1 kleines Bund glatte Petersilie
125 g getrocknete Tomaten
25 g feine Haferflocken
2 EL Olivenöl
400 g griechischer Joghurt

KINDERLEICHT

Zubereitung

DEN BACKOFEN auf 220° vorheizen. Strunk und Blätter des Blumenkohls entfernen. Blumenkohl waschen und in kochendem Salzwasser 10 Min. vorgaren.

ZITRONE auspressen. Petersilie waschen und trocken schütteln. Zitronensaft und alle anderen Zutaten außer dem Blumenkohl und dem Joghurt in einem Mixer zu einer Paste pürieren. Den vorgegarten Blumenkohl mit der Paste gleichmäßig einreiben und auf einem mit Backpapier ausgelegten Backblech im Ofen auf der mittleren Schiene ca. 20 Min. backen. Blumenkohl mit griechischem Joghurt servieren.

Für 2 Kinder- und 2 Erwachsenenportionen
Zubereitungszeit: 30 Min.
Backzeit: 20 Min.
Pro Portion (Kind): ca. 155 kcal, 4 g E, 12 g F, 7 g KH
Pro Portion (Erwachsener): ca. 310 kcal, 8 g E, 23 g F, 13 g KH

Kartoffel-Flammkuchen

Zutaten
Für den Teig
115 g Vollkorn-Dinkelmehl
115 g helles Dinkelmehl
1½ EL Olivenöl | Salz

Für den Belag
400 g festkochende Kartoffeln
6 EL Olivenöl
1½ TL getrockneter Thymian
1½ TL frisch geriebene Muskatnuss
115 g Schmand
115 g Magerquark
Salz
½ Zitrone
2 Frühlingszwiebeln

KINDERLEICHT

Außerdem
Mehl für die Arbeitsfläche

Zubereitung
DEN BACKOFEN auf 210° vorheizen. Die Zutaten für den Teig mit 150 ml Wasser und 1 Prise Salz vermengen und gut durchkneten. Teig zugedeckt mindestens 30 Min. ruhen lassen. In der Zwischenzeit Kartoffeln waschen und mit Schale in hauchdünne Scheiben schneiden. Öl, Thymian und Muskat vermengen und Kartoffeln darin marinieren.

DEN TEIG in drei Stücke teilen und auf einer bemehlten Fläche dünn ausrollen. Dann auf zwei mit Backpapier ausgelegte Backbleche legen. Schmand und Magerquark mischen und mit 1 TL Salz würzen. Die Teigfladen gleichmäßig damit bestreichen. Zitrone auspressen. Kartoffelscheiben auf den Fladen verteilen und mit Zitronensaft beträufeln. Flammkuchen im Ofen auf der mittleren Schiene ca. 20 Min. backen.

IN DER ZWISCHENZEIT Frühlingszwiebeln waschen, putzen und in feine Ringe schneiden. Die fertigen Flammkuchen damit bestreuen und servieren.

Für 2 Kinder- und 2 Erwachsenenportionen
Zubereitungszeit: 45 Min.
Backzeit: 20 Min.
Pro Portion (Kind): ca. 358 kcal, 10 g E, 18 g F, 37 g KH
Pro Portion (Erwachsener): ca. 715 kcal, 20 g E, 36 g F, 74 g KH

»Da Johannes am Vormittag die beste Laune und den größten Appetit hat, haben wir den Brunch für uns entdeckt. So können wir entspannt mehrere Stunden am Tisch verbringen, ohne dass er quengelig wird. Zu einem richtig guten Brunch gehört für mich ein Stück Quiche. Ich versuche mich immer wieder an einer neuen Variante. Diese ist Johannes' Favorit. Der Süßkartoffelboden macht sie wunderbar knusprig und gibt ihr ein süßliches Aroma.«

Brokkoli-Quiche mit Süßkartoffelboden

Zutaten
2 große Süßkartoffeln
Meersalz
1 TL Olivenöl

KINDER-LEICHT

Außerdem
1 Quicheform (28 cm Ø)
Öl für die Form

Für den Belag
1 Kopf Brokkoli
Meersalz
2 Zwiebeln
50 g Gruyère
½ EL Olivenöl
4 Eier (M)
150 g saure Sahne
weißer Pfeffer
frisch geriebene Muskatnuss

Zubereitung
DEN BACKOFEN auf 220° vorheizen. Süßkartoffeln schälen und in hauchdünne Scheiben hobeln. Die Quicheform mit etwas Öl einfetten. Süßkartoffelscheiben überlappend in die Form legen, dabei einen ca. 2–3 cm hohen Rand bilden, dafür eignen sich die kleineren Scheiben gut. Mit 1 Prise Salz und Olivenöl beträufeln und im Ofen auf der mittleren Schiene ca. 15 Min. backen.

IN DER ZWISCHENZEIT Brokkoli waschen, putzen und in kleine Röschen teilen. Im kochenden Salzwasser 3 Min. blanchieren und anschließend in Eiswasser abschrecken. Zwiebeln schälen und fein hacken. Käse fein reiben. Olivenöl in einer Pfanne erhitzen und Zwiebeln darin kurz andünsten. Eier mit saurer Sahne, Käse sowie je ½ TL Meersalz, Pfeffer und Muskat verquirlen.

DIE QUICHEFORM aus dem Ofen nehmen und die Hitze im Ofen auf 180° reduzieren. Brokkoli und Zwiebeln gleichmäßig auf dem Boden verteilen. Die Eiermasse über das Gemüse gießen, sodass alles gut bedeckt ist, und die Quiche in 30–35 Min. fertig backen.

Für 2 Kinder- und 2 Erwachsenenportionen
Zubereitungszeit: 45 Min.
Backzeit: 35 Min.
Pro Portion (Kind): ca. 323 kcal, 13 g E, 14 g F, 37 g KH
Pro Portion (Erwachsener): ca. 645 kcal, 26 g E, 27 g F, 74 g KH

Sooo gesund:

Die Süßkartoffeln machen diese Quiche
nicht nur lecker, sondern auch gesund. Sie
sind reich an Betacarotin, Vitamin C und E
sowie Kalium und Magnesium. Zudem ist
die Quiche dank der Kartoffeln glutenfrei, da
kein Mehl für den Boden verwendet wird.
Superfood Brokkoli liefert uns Chlorophyll
für mehr Kraft und Energie.

Gemeinsam, gesund, glücklich

Wir haben bei uns festgestellt, dass eine bewusste und gesunde Lebensweise damit anfängt, Dinge gemeinsam zu tun und sich dafür die nötige Zeit freizuschaufeln. Probiere mit Deiner Familie doch einmal Folgendes:

Gemeinsam einkaufen

Wir erledigen den Wocheneinkauf oft gemeinsam. Dadurch wird Johannes von vornherein miteinbezogen und weiß, woher unsere Lebensmittel stammen und welche Obst- und Gemüsesorten es gibt. Um den Frieden zu wahren, darf er sich vorab eine Kleinigkeit aussuchen, die er gern selbst kaufen möchte.

Gemeinsam kochen

Schon als er ganz klein war, habe ich Johannes beim Kochen helfen lassen und ihm altersgerechte Aufgaben zugewiesen. So darf er zum Beispiel Lebensmittel aus dem Kühlschrank holen, Gemüse und Obst abwaschen oder weiche Lebensmittel wie Bananen klein schneiden. Inzwischen kann er auch schon Eier aufschlagen, Zutaten abwiegen, den Tisch decken und den Geschirrspüler einräumen.

Gemeinsam essen

Bei gemeinsamen Mahlzeiten kommt Ruhe in den stressigen Familienalltag und jeder hat die Möglichkeit, von den Erlebnissen des Tages zu erzählen. Ich stelle gern Töpfe und Schüsseln auf den Tisch – so kann sich Johannes seine Portion selbst auftun und dadurch sein Hunger- und Sättigungsgefühl besser einschätzen lernen.

Gemeinsam an einem Strang ziehen

Damit die Ernährung nicht zum Reizthema wird, solltest Du mit Deinem Partner von Anfang an klar verabreden, wie Ihr vorgehen möchtet. David und ich haben uns früher sehr unterschiedlich ernährt, aber für Johannes konnten wir uns auf einen gemeinsamen Nenner einigen, der für alle funktioniert. Sinnvoll ist es auch, Freunde und Verwandte miteinzubeziehen, denn auch sie haben Einfluss darauf, was Dein Kind isst.

Süßes für die Seele

»Mir wurde oft prophezeit, dass Johannes irgendwann aus Heißhunger Massen an Süßigkeiten in sich hineinschaufeln werde. In seinen vier Lebensjahren hat er nun schon viele Kindergeburtstage und andere Feste mitgemacht. Natürlich gab es hier und da einen Schokoriegel, ein Stück Torte oder auch kleine Goodie Bags mit Süßigkeiten. Doch bislang ist es noch nicht vorgekommen, dass er unkontrolliert Berge von Schokolade verschlang oder vor lauter Euphorie den Kopf in die Torte fallen ließ.

Warum? Weil wir ihm zu Hause nicht vermitteln, dass Zucker ein weißes Monster ist oder Schokolade verboten gehört. Da ich selbst eine Naschkatze bin, backe ich viel und mache auch Süßigkeiten gern selbst. Ich verwende dafür aber alternative Süßungsmittel (siehe Seite 16) und das in möglichst geringen Dosen.

Auch Johannes ist ein kleiner Meisterbäcker. Er liebt es, Zutaten abzuwiegen und einen Teig daraus zu kneten. Danach versinkt die Küche im Chaos. Aber dafür duftet es himmlisch und Johannes schleckt selig die Schüssel mit den Teigresten aus. Was gibt es Schöneres?«

Reisnudeln mit Papaya

VEGAN

Zutaten

50 g Mandelblättchen
1 Papaya
1 EL Kokosöl
300 g feine Reisnudeln
1 Vanilleschote
250 g cremige Kokosmilch
1 EL Ahornsirup

KINDER-LEICHT

Zubereitung

MANDELBLÄTTCHEN grob hacken, in einer beschichteten Pfanne rösten und zur Seite stellen. Papaya schälen, entkernen und in kleine Würfel schneiden. Kokosöl in einer Pfanne erhitzen. Papayawürfel bei mittlerer Hitze darin anbraten, bis sie leicht gebräunt sind.

REISNUDELN mit der doppelten Menge kochendem Wasser übergießen und 7 Min. quellen lassen. Die fertigen Nudeln abgießen und zu den Papayawürfeln in die Pfanne geben. Vanilleschote längs halbieren und das Mark herauskratzen. Die Hitze reduzieren und Kokosmilch, Ahornsirup und Vanillemark in die Pfanne geben. Alles gut miteinander vermengen. Die Papaya-Nudeln auf Tellern anrichten und mit den Mandelblättchen garnieren.

Für 2 Kinder- und 2 Erwachsenenportionen
Zubereitungszeit: 30 Min.
Pro Portion (Kind): ca. 360 kcal, 7 g E, 14 g F, 46 g KH
Pro Portion (Erwachsener): ca. 715 kcal, 14 g E, 28 g F, 92 g KH

Indisches Halva mit Möhren

Zutaten

3 EL Cashewkerne
2 EL grüne Pistazienkerne
6 Möhren
3 Kardamomkapseln
2 EL Ghee
300 ml Mandeldrink (ungesüßt)
300 g gemahlene Mandeln
50 g Kokosblütenzucker
2 EL ungeschwefelte
　 Sultaninen

KINDERLEICHT

Zubereitung

CASHEW- UND PISTAZIENKERNE grob hacken. Möhren schälen und raspeln. Kardamomsamen in einem Mörser zerstoßen. Die gehackten Kerne kurz in einer Pfanne anrösten, dann aus der Pfanne nehmen und zur Seite stellen.

1 EL GHEE in der Pfanne erhitzen. Möhren in die Pfanne geben und 5 Min. bei niedriger Hitze dünsten. Mandeldrink, gemahlenen Mandeln, Zucker, das restliche Ghee und Kardamom in einer Schüssel vermengen und in die Pfanne gießen. Die Hitze etwas erhöhen und alles so lange köcheln lassen, bis die Flüssigkeit vollständig von den Möhren aufgenommen wurde, das dauert ca. 25–30 Min. Zum Schluss Sultaninen, Cashews und Pistazien hinzugeben. Alles verrühren und servieren.

Für 2 Kinder- und 2 Erwachsenenportionen
Zubereitungszeit: 55 Min.
Pro Portion (Kind): ca. 495 kcal, 15 g E, 40 g F, 22 g KH
Pro Portion (Erwachsener): ca. 995 kcal, 29 g E, 79 g F, 43 g KH

Milchreis mit Kokosmilch

VEGAN

Zutaten

1 TL Kokosöl
150 g Milchreis
600 g Kokosmilch
1 Vanilleschote
Zimtpulver
2 EL Reissirup

Zubereitung

KOKOSÖL in einem Topf schmelzen und den Reis kurz darin anschwitzen. Mit Kokosmilch aufgießen und unter Rühren einmal aufkochen lassen. Dann die Herdplatte auf die niedrigste Stufe stellen.

VANILLESCHOTE längs halbieren und das Mark herauskratzen. Vanillemark, Vanilleschote, 1 TL Zimt und Reissirup in den Topf geben und verrühren. Den Milchreis 30 Min. quellen lassen. Die Vanilleschote entfernen und den Milchreis nach Belieben mit Zimt bestreuen und mit frischen Beeren oder Kompott servieren.

Für 2 Kinder- und 2 Erwachsenenportionen
Zubereitungszeit: 15 Min.
Quellzeit: 30 Min.
Pro Portion (Kind): ca. 300 kcal, 5 g E, 20 g F, 24 g KH
Pro Portion (Erwachsener): ca. 600 kcal, 10 g E, 40 g F, 48 g KH

Maronenpudding

VEGAN

Zutaten

2 EL Chia-Samen
200 ml Mandeldrink (ungesüßt)
150 g Maronen (ersatzweise vorgekochte, vakuumverpackte
   Maronen)
Meersalz
1 Vanilleschote
100 g Sojaghurt
½ TL Zimtpulver
3 EL Reissirup

KINDERLEICHT

Zubereitung

CHIA-SAMEN über Nacht im Mandeldrink quellen lassen.

MARONEN am nächsten Tag kreuzweise anritzen und in kochendem Salzwasser 45 Min. garen. Anschließend abkühlen
lassen und die Haut abziehen. Maronen mit dem Pürierstab
fein pürieren und mit dem Chia-Pudding vermengen.

VANILLESCHOTE längs halbieren und das Mark herauskratzen. Sojaghurt, Vanillemark, Zimt, 1 Prise Salz und Reissirup
zum Pudding geben. Alles gut verrühren und in kleinen
Schüsselchen servieren.

Für 2 Kinder- und 2 Erwachsenenportionen
Zubereitungszeit: 20 Min.
Kochzeit: 45 Min.
Quellzeit: über Nacht
Pro Portion (Kind): ca. 105 kcal, 4 g E, 4 g F, 14 g KH
Pro Portion (Erwachsener): ca. 210 kcal, 7 g E, 7 g F, 28 g KH

»Zugegeben, so richtig blond sind meine Blondies nicht. Das Vollkornmehl verfälscht ihren Look und macht sie eher zu ›Asch-Blondies‹ oder vielleicht sogar eher ›Hell-Brownies‹, aber wie dem auch sei, lecker sind sie allemal. Durch die geraspelten Birnen werden sie schön saftig und die herrlichen Aromen von Zimt und Muskat machen sie zu einem wunderbaren Gebäck für gemütliche Winternachmittage in geselliger Runde.«

Birne-Walnuss-Blondies

VEGAN

Zutaten

4 Birnen
1 Spritzer Zitronensaft
2 TL Zimtpulver
frisch geriebene Muskatnuss
4 EL Ahornsirup
75 g Walnusskerne
100 g Dinkelmehl Type 812
50 g Buchweizenmehl
1 TL Weinsteinbackpulver
Salz
1 EL Kokosöl
50 ml Mandeldrink (ungesüßt)
2 EL Vollrohrzucker

KINDERLEICHT

Zubereitung

DEN BACKOFEN auf 180° vorheizen. Birnen schälen, Stiele und Kerngehäuse entfernen und Birnen grob raspeln. Ein Drittel davon zur Seite stellen. Die restlichen Birnenraspel mit Zitronensaft, Zimt, 1 Prise Muskat und 2 EL Ahornsirup in einer Schüssel vermengen.

WALNÜSSE fein hacken. Beide Mehle, Nüsse, Backpulver und 1 Prise Salz in einer Schüssel verrühren. Kokosöl in einem Topf erhitzen, bis es flüssig ist. Kokosöl, den restlichen Ahornsirup und die marinierten Birnenraspel zur Mehlmischung geben und vermengen. Nun den Mandeldrink hinzugeben und zu einem glatten Teig verrühren.

EINE KLEINE AUFLAUFFORM (15 × 20 cm) mit Backpapier auslegen. Den Teig gleichmäßig darauf verteilen. Mit den restlichen Birnenraspeln belegen, mit Zucker bestreuen und im Ofen auf der mittleren Schiene ca. 30 Min. backen, bis die Oberfläche leicht gebräunt ist. Abkühlen lassen und in acht gleich große Rechtecke schneiden.

Für 8 Stück
Zubereitungszeit: 30 Min.
Backzeit: 30 Min.
Pro Stück: ca. 195 kcal, 4 g E, 8 g F, 27 g KH

Cupcake-Variante:

Wenn Du keine Muffinform hast, kannst Du den Teig auch in Tassen backen. Das sieht hübsch aus und Du kannst die süßen Küchlein gleich in der Tasse servieren. Wichtig ist nur, dass die verwendeten Tassen der starken Hitze im Backofen standhalten.

»Grüne Muffins mit Spinat als Dessert? Hier hat sich doch wohl jemand im Kapitel geirrt. Nein, das hat schon alles seine Richtigkeit. Diese Muffins schmecken ganz und gar nicht nach Gemüse, sondern sind herrlich süß, saftig und einfach oberlecker. Von Johannes und seinen Freunden haben die grünen Küchlein den Namen ›Monster-Muffins‹ bekommen und werden von allen gern und häufig genascht.«

Süße Spinat-Muffins

Zutaten
Für den Teig
100 g Baby-Blattspinat
100 g feine Haferflocken
100 g gemahlene Mandeln
1 TL Weinsteinbackpulver
½ TL Natron
Meersalz
1 reife Banane
3 EL Apfelmus
150 ml Reisdrink (ungesüßt)
100 g Honig

Für das Topping
1 Vanilleschote
200 g Frischkäse
1 EL Honig
2 EL gepuffter Amarant

Außerdem
12er-Muffinform
Öl für die Form

KINDER-LEICHT

Zubereitung
DEN BACKOFEN auf 180° vorheizen. Die Muffinform mit Öl einfetten. Spinat gründlich waschen und abtropfen lassen. Haferflocken in einem Mixer fein mahlen. Alle trockenen Teigzutaten mit 1 Prise Salz in einer großen Schüssel vermengen. Banane schälen, in grobe Stücke schneiden und mit den restlichen Teigzutaten im Mixer fein pürieren. Zu den trockenen Zutaten in die Schüssel geben und nur so lange verrühren, bis alle Zutaten feucht sind. Den Teig in die Form füllen und die Muffins im Ofen auf der mittleren Schiene ca. 20 Min. backen. Anschließend abkühlen lassen.

FÜR DAS TOPPING die Vanilleschote längs halbieren und das Mark herauskratzen. Frischkäse, Vanillemark und Honig gut vermengen. In einen Spritzbeutel füllen und die abgekühlten Muffins damit garnieren. Zum Schluss mit Amarant bestreuen und servieren.

Für 12 Stück
Zubereitungszeit: 35 Min.
Backzeit: 20 Min.
Pro Stück: ca. 190 kcal, 5 g E, 11 g F, 19 g KH

»Ich muss immer grinsen, wenn ich mir Johannes' Gesicht in Erinnerung rufe, als ich ihm das erste Mal dieses Dessert vorgesetzt habe. Er war so enttäuscht, dass der Nachtisch nichts weiter als ein gebackener Pfirsich war. Doch als ich ihm diesen aufklappte, machte er große Augen. Bis heute kann er nicht so ganz verstehen, wie der Kuchen in den Pfirsich kommt. Um den Zauber zu wahren, werde ich das Geheimnis noch ein wenig hüten. Also pssst … topsecret!«

Gebackener Pfirsich mit Überraschung

VEGAN

Zutaten

4 Pfirsiche
½ Bio-Zitrone
30 g Vollkorn-Dinkelmehl
½ TL Weinsteinbackpulver
Salz
1 Msp. gemahlene
    Vanille
1 EL Vollrohrzucker
20 ml Haferdrink (ungesüßt)
1 EL weißes Mandelmus
1 EL Apfelmus (ungesüßt)

KINDER-LEICHT

Zubereitung

DEN BACKOFEN auf 200° Grad vorheizen. Pfirsiche waschen, halbieren und entsteinen. Mit einem Löffel etwas Fruchtfleisch entnehmen, sodass ein rundes ebenmäßiges Loch entsteht.

ZITRONE heiß waschen, abtrocknen und die Schale abreiben. Mehl, Backpulver, 1 Prise Salz, Vanille und Zitronenabrieb in einer Schüssel vermengen.

ZUCKER mit Haferdrink, Mandel- und Apfelmus verrühren. Die trockenen und feuchten Zutaten miteinander zu einem Teig vermengen. In 4 Pfirsichhälften je ca. 1 EL Teig einfüllen. Alle Pfirsichhälften in einer Auflaufform platzieren und im Ofen auf der mittleren Schiene 25–30 Min. backen. Die leeren Pfirsichhälften auf die gefüllten setzen und servieren.

Für 4 Portionen
Zubereitungszeit: 30 Min.
Backzeit: 30 Min.
Pro Portion: ca. 130 kcal, 3 g E, 3 g F, 21 g KH

Trockenfrüchtchen im Schokomantel

VEGAN

KINDERLEICHT

Zutaten
1 TL Kokosöl
200 g dunkle Kuvertüre
200 g Trockenobst
  (z. B. Rosinen, Cranberrys,
  Mango etc.)

Zubereitung
KOKOSÖL und Kuvertüre über einem Wasserbad schmelzen lassen. Das Trockenobst in die Schokolade tauchen. Dann gleichmäßig auf einem mit Backpapier belegten Teller oder Brett auslegen. 5–10 Min. im Tiefkühlfach fest werden lassen und danach im Kühlschrank lagern. Die Schokofrüchte sind etwa 2–3 Wochen haltbar.

Für ca. 400 g
Zubereitungszeit: 35 Min.
Pro Portion (50 g): ca. 200 kcal, 2 g E, 9 g F, 26 g KH

Kokos-Schoko-Riegel

VEGAN

KINDER-
LEICHT

Zutaten

200 g Kokosraspel
200 g cremige Kokosmilch
75 g Datteln (entsteint)
100 g Kakaobutter
50 g rohes Kakaopulver

Zubereitung

Kokosraspel mit Kokosmilch gleichmäßig vermengen. Aus der Masse längliche Riegel formen und diese 1 Std. im Kühlschrank fest werden lassen. In der Zwischenzeit die Datteln mit 75 ml Wasser in einem Mixer sirupartig pürieren. Die Kakaobutter über einem lauwarmen Wasserbad schmelzen lassen. Dann das Kakaopulver und den Dattelsirup langsam hinzugeben und verrühren.

DIE KOKOSRIEGEL mit einer Pralinenzange in die Schokolade tauchen, sodass sie rundum mit Schokolade überzogen sind. Dann auf ein Kühlgitter setzen und im Kühlschrank aushärten lassen. Die Riegel sind im Kühlschrank mindestens 1–2 Wochen haltbar.

Für 10 Stück
Zubereitungszeit: 30 Min.
Ruhezeit: 1 Std. 30 Min.
Pro Stück: ca. 290 kcal, 3 g E, 29 g F, 7 g KH

»Der Schokopudding mit Avocado, der als Füllung für diese Törtchen dient, gehört zu den beliebtesten Rezepten auf meinem Blog. In diesem Buch möchte ich ihm deshalb noch mal einen gebührenden Auftritt verschaffen. Ich musste die Törtchen einige Male backen, um sie perfekt hinzukriegen. Johannes und David waren selten so froh, meine Vorkoster sein zu dürfen. Ich hoffe, Deiner Familie schmeckt das Ergebnis mindestens genauso gut wie meinen Jungs.«

Schokopudding-Törtchen

VEGAN

Zutaten

Für den Teig

200 g gemahlene Mandeln
50 g Kokosmehl
80 ml Rapsöl
40 ml Ahornsirup

KINDERLEICHT

Für den Schokopudding

2 reife Avocados
5 EL rohes Kakaopulver
1 EL Kokosmus
100 ml Ahornsirup
3 EL Mandelmus
Salz

Außerdem

4 Tarteförmchen (à 10 cm ⌀)
Kokosöl für die Form
frische Beeren, Nüsse oder Kerne
  nach Belieben

Zubereitung

FÜR DEN TEIG Mandeln und Kokosmehl in einer Schüssel vermengen. Öl und Ahornsirup hinzugeben und alles zu einem glatten Teig verrühren. Den Teig zu einer Kugel formen und 30 Min. im Kühlschrank kalt stellen. Den Backofen auf 180° vorheizen.

IN DER ZWISCHENZEIT für den Pudding die Avocados halbieren, die Kerne entfernen und das Fruchtfleisch auslöffeln. Avocadofruchtfleisch mit allen Puddingzutaten und 1 Prise Salz in einem Mixer zu einer homogenen Masse pürieren. Den Pudding in den Kühlschrank stellen.

DIE FÖRMCHEN mit Kokosöl einfetten. Den Teig gleichmäßig darin verteilen, mit den Fingern andrücken und einen 2 cm hohen Rand bilden. Im Ofen auf der mittleren Schiene ca. 20 Min. backen, dann etwas abkühlen lassen. Nun den Pudding gleichmäßig auf den Tarteböden verteilen. Die Tartelettes im Kühlschrank etwas fest werden lassen und je nach Belieben mit frischen Beeren, Nüssen oder Kernen servieren.

Für 4 Stück
Zubereitungszeit: 1 Std.
Backzeit: 20 Min.
Pro Stück: ca. 1000 kcal, 23 g E, 87 g F, 33 g KH

Superfood Avocado:

Die Törtchen sind ein leckeres Dessert, das
dank Avocado vor Nährstoffen nur so strotzt.
Die grüne Steinfrucht ist reich an ungesättigten Fettsäuren, Vitamin A und E, Folsäure
sowie sekundären Pflanzenstoffen.
Avocados eignen sich übrigens auch hervorragend als Butterersatz in Teigen.

Frozen-Joghurt-Riegel

Es gibt keine schnellere und einfachere Art, sagenhaft leckeres Eis herzustellen. Die Zubereitung von Frozen-Joghurt-Riegeln ist simpel und die Variationsvielfalt schier unendlich. Diese vier Riegel sind unsere Favoriten. Es ist für jeden Geschmack etwas dabei. Alle Rezepte sind für eine kleine Auflaufform mit den Maßen 25 × 15 cm gedacht.

1. Erdnuss & Salty Karamell

50 g Datteln (entsteint)
¼ TL Meersalz
2 EL Erdnussmus
300 g griechischer Joghurt

Datteln über Nacht in lauwarmem Wasser einweichen. Am nächsten Tag abgießen und mit Salz in einem Standmixer oder mit einem Pürierstab zu einer festen Paste verarbeiten. Erdnussmus mit Joghurt verrühren und gleichmäßig in der Auflaufform verteilen. Die Dattelpaste stückchenweise darauf verteilen. Im Tiefkühlfach mindestens 4 Std. aushärten lassen. Danach in Riegel schneiden.

2. Schoko-Banane mit Mandeln

300 g griechischer Joghurt
2 EL rohes Kakaopulver
2 EL Honig
1 Prise Meersalz
100 g Mandeln
1 Banane

Joghurt mit Kakaopulver, Honig und Salz verrühren. Die Mischung gleichmäßig in der Auflaufform verteilen. Mandeln in grobe Stücke hacken. Banane schälen und in dünne Scheiben schneiden. Mandeln und Banane auf der Masse verteilen. Im Tiefkühlfach mindestens 4 Std. aushärten lassen. Danach in Riegel schneiden.

3. Avocado-Kokos

2 EL Kokosblütenzucker
1 reife Avocado
200 g griechischer Joghurt
2 EL Kokosraspel
2 EL Kokosflakes

Kokosblütenzucker in einem Mixer zu Puderzucker verarbeiten. Avocado halbieren, entkernen und das Fruchtfleisch auslösen. Joghurt und Avocado im Mixer pürieren. Die Mischung mit dem Puderzucker vermengen und Kokosraspel unterheben. Die Masse gleichmäßig in der Auflaufform verteilen. Zum Schluss mit Kokosflakes garnieren und im Tiefkühlfach mindestens 4 Std. aushärten lassen. Danach in Riegel schneiden.

4. Himbeer-Pistazie

250 g frische Himbeeren
100 g grüne Pistazienkerne
300 g griechischer Joghurt
4 EL Ahornsirup

Himbeeren waschen. Pistazien fein hacken. Joghurt mit 2 EL Ahornsirup verrühren und gleichmäßig in der Auflaufform verteilen. Die Hälfte der Himbeeren mit dem restlichen Ahornsirup in einem Mixer pürieren. Das Himbeerpüree in die Auflaufform geben und mit einer Gabel Muster in die Masse ziehen. Mit den restlichen Himbeeren und den Pistazien garnieren. Im Tiefkühlfach mindestens 4 Std. aushärten lassen. Danach in Riegel schneiden.

Getränke

»Wenn Du Durst hast, trink Wasser! Wer kennt diesen Satz nicht? Ich habe ihn von meinen Eltern recht häufig hören müssen, denn ich wollte viel lieber Saft oder Limonade trinken. Meistens gaben sie schnell auf und ich bekam mein süßes Getränk.

Johannes trinkt glücklicherweise gern Wasser. Ab und zu kaufen wir auch Obstsäfte, die wir ihm dann stark verdünnt anbieten. Limonaden, Cola und andere zuckerhaltige Getränke gibt es bei uns nicht.

Selbst gemachte Getränke hingegen können prima dazu beitragen, das Kind mit Obst und Gemüse zu versorgen oder auch überreife Lebensmittel weiter zu verwerten. Ich habe hier eine Auswahl erfrischender Durstlöscher, wohltuender Bauchwärmer und kleiner flüssiger Zwischenmahlzeiten für Dich zusammengestellt.«

Zitronenlimo mit frischer Minze

VEGAN

Zutaten
10 Bio-Zitronen
5 Zweige Minze
2 TL Agavendicksaft
16 Eiswürfel

KINDER-
LEICHT

Zubereitung
5 ZITRONEN auspressen. Die restlichen Zitronen waschen und in Scheiben schneiden. Minze waschen und verlesen.

IN DER ZWISCHENZEIT 750 ml Wasser zum Kochen bringen. Dann die Hitze reduzieren und Zitronensaft sowie Agavendicksaft mit dem Wasser verrühren. Die Minzzweige hineingeben. Die Limonade abkühlen lassen und mit Eiswürfeln und Zitronenscheiben servieren.

Für 4 Gläser
Zubereitungszeit: 15 Min.
Pro Glas: ca. 25 kcal, 0 g E, 0 g F, 3 g KH

Früchte-Eistee mit Waldhonig

Zutaten

75 g Himbeeren
50 g Erdbeeren
1 Bio-Zitrone
4 Teebeutel Früchtetee
4 TL Waldhonig
15 Eiswürfel

KINDERLEICHT

Zubereitung

HIMBEEREN und Erdbeeren waschen und verlesen. Zitrone heiß waschen und in Scheiben schneiden. Teebeutel in einen Krug geben und mit 750 ml kochendem Wasser übergießen. Den Tee 10 Min. ziehen lassen.

TEEBEUTEL entfernen und Tee abkühlen lassen. Beeren, Zitronenscheiben, Honig und Eiswürfel auf vier Gläser verteilen und mit dem kalten Tee aufgießen.

Für 4 Gläser
Zubereitungszeit: 15 Min.
Ruhezeit: 30 Min.
Pro Glas: ca. 25 kcal, 0 g E, 0 g F, 6 g KH

Weintrauben-Basilikum-Schorle

VEGAN

Zutaten

500 g Weintrauben (plus 12 Weintrauben als Eiswürfel)
1 Bund Basilikum
650 ml kohlensäurehaltiges
Mineralwasser

KINDERLEICHT

Zubereitung

WEINTRAUBEN gründlich waschen. Die 12 Weintrauben für mindestens 1 Std. ins Tiefkühlfach legen. In der Zwischenzeit Basilikum waschen, trocken schütteln und Blätter abzupfen. Die restlichen Weintrauben und das Basilikum im Mixer fein pürieren. Das Püree durch ein Sieb passieren.

TRAUBEN aus dem Tiefkühlfach nehmen und auf vier Gläser verteilen. Mit jeweils ca. 30 ml Weintrauben-Basilikum-Saft und Mineralwasser aufgießen.

Für 4 Gläser
Zubereitungszeit: 20 Min.
Kühlzeit: 1 Std.
Pro Glas: ca. 85 kcal, 1 g E, 0 g F, 19 g KH

Piña colada

VEGANER BLOG-LIEBLING

Zutaten

300 g Ananas

200 ml Cashewdrink (ersatzweise
anderer Pflanzendrink,
ungesüßt)

100 ml Kokoswasser

2 EL Kokosraspel

2 Eiswürfel

KINDER-
LEICHT

Zubereitung

DEN STRUNK der Ananas entfernen und eine dicke Scheibe
der Frucht mit Schale abschneiden. Diese Scheibe in vier
Dreiecke schneiden und beiseitestellen. Die restliche Ananas
schälen und das Fruchtfleisch in Stücke schneiden.

ANANASSTÜCKE mit Pflanzendrink und Kokoswasser in einem Mixer fein pürieren. Kokosraspel und Eiswürfel hinzugeben und erneut mixen. Piña colada in Gläser abfüllen und
mit Ananasdreiecken garnieren.

Für 4 Gläser
Zubereitungszeit: 20 Min.
Pro Glas: ca. 90 kcal, 1 g E, 6 g F, 7 g KH

»Ich kann mich noch gut daran erinnern, wie Johannes sein erstes Lassi getrunken hat. Wir waren bei unserem Lieblingsinder. Um die Schärfe in meinem Mund etwas abzumildern, bestellte ich mir ein klassisches Mango-Lassi. Den Blick, als Johannes seinen ersten Schluck nahm, werde ich nie vergessen. Es war die pure Genussfreude. Seitdem stehen Lassis bei uns hoch im Kurs und ich versuche mich immer wieder an neuen, exotischen Varianten.«

Mango-Lassi mit Datteln und Kardamom

Zutaten
2 reife Mangos
650 ml Buttermilch
5 Eiswürfel
4 Datteln (entsteint)
1 Kardamomkapsel
Salz
Kardamompulver nach Belieben

Zubereitung
MANGOS schälen, jeweils den Stein entfernen und das Fruchtfleisch in grobe Stücke schneiden. Buttermilch, Eiswürfel, Datteln und Mangostücke in einen Mixer geben und fein pürieren.

KARDAMOMKAPSEL in einem Mörser zerkleinern und mit 1 Prise Salz in den Mixer geben. Erneut ca. 1 Min. mixen, bis alle Zutaten gut vermischt sind. Sollte das Lassi zu dickflüssig sein, etwas Wasser hinzugeben. Auf vier Gläser verteilen und nach Belieben mit Kardamompulver bestreut servieren.

Für 4 Gläser
Zubereitungszeit: 20 Min.
Pro Glas: ca. 155 kcal, 7 g E, 1 g F, 28 g KH

Kardamom:

Kardamom gehört zu den Ingwergewächsen und wird vor allem in der asiatischen Küche häufig verwendet. Ich nehme immer die ganzen Kapseln und zermahle sie im Mörser. So können sich die ätherischen Öle optimal entfalten und das Aroma ist schön intensiv.

Heiße Schokolade mit Orange

VEGAN

Zutaten

100 g dunkle Kuvertüre
600 ml Mandeldrink (ungesüßt)
½ Bio-Orange
1 TL Zimtpulver
Meersalz
1 EL rohes Kakaopulver
1 EL Ahornsirup

KINDERLEICHT

Zubereitung

KUVERTÜRE in grobe Stücke brechen und mit Mandeldrink in einem Topf bei mittlerer Hitze erwärmen (nicht kochen). Dabei kontinuierlich rühren, bis die Schokolade vollständig geschmolzen ist.

ORANGE heiß waschen, abtrocknen und die Schale abreiben. Zimt, Orangenabrieb, 1 Prise Salz, Kakaopulver und Ahornsirup zur Schokolade in den Topf geben. Alles gleichmäßig vermengen und warm servieren.

Für 4 Tassen
Zubereitungszeit: 20 Min.
Pro Tasse: ca. 210 kcal, 4 g E, 14 g F, 17 g KH

Apfelpunsch

VEGAN

Zutaten

1 Bio-Orange
1 Bio-Zitrone
750 ml naturtrüber Apfelsaft
2 Stangen Zimt
1 Sternanis
5 Nelken
5 Pimentkörner

Außerdem

1 kleines Mulltuch
4 Stangen Zimt zum Servieren

Zubereitung

ORANGE und Zitrone heiß waschen und halbieren. ½ Zitrone und die Orange auspressen. Die andere Zitronenhälfte in vier Scheiben schneiden. Apfelsaft in einem großen Topf erhitzen (nicht kochen). Den Saft der Orange und einen Spritzer Zitronensaft hinzugeben.

GEWÜRZE und Obstschalen in das Mulltuch binden. Dieses Gewürzsäckchen in den Topf legen und 45 Min. im Saft ziehen lassen. Zum Servieren in vier Gläser je 1 Scheibe Zitrone und 1 Stange Zimt legen. Das Mulltuch aus dem Saft entfernen. Den Saft kurz aufwärmen und in die Gläser füllen.

Für 4 Gläser
Zubereitungszeit: 15 Min.
Ruhezeit: 45 Min.
Pro Glas: ca. 120 kcal, 0 g E, 0 g F, 24 g KH

Smoothies – Vitamine zum Trinken

Kein Frühstück ohne Smoothies. Wir sind ganz verrückt nach den unendlichen Kombinationsmöglichkeiten aus frischem Gemüse und Obst. Einfach alles in den Mixer schmeißen und nach wenigen Augenblicken hat man die herrlichsten Getränke. Die folgenden Rezepte ergeben je vier Portionen und sind in nur 10 Minuten gemixt.

1. Grüner Smoothie

1 Avocado
2 Mangos
200 g Baby-Blattspinat
200 g Kokosmilch
400 ml Kokoswasser

Avocado und Mangos schälen, entkernen und das Fruchtfleisch grob zerkleinern. Spinat waschen und verlesen. Alle Zutaten in einen Mixer geben und 5 Min. pürieren. Den Smoothie auf Gläser verteilen und servieren.

2. Gelber Smoothie

2 Kakis
2 Orangen
2 Möhren
400 ml Mandeldrink (ungesüßt)
2 TL gemahlene Kurkuma

Kakis waschen und in grobe Stücke schneiden. Orangen und Möhren schälen und ebenfalls grob zerkleinern. Alle Zutaten mit 150 ml Wasser in einen Mixer geben und fein pürieren. Den Smoothie auf Gläser verteilen und servieren.

3. Blauer Smoothie

2 reife Bananen
400 g TK-Heidelbeeren
600 ml Mandeldrink (ungesüßt)
2 TL Leinsamen

Die Bananen schälen und grob in Stück schneiden. Bananenstücke, Heidelbeeren, Mandeldrink und Leinsamen in einen Mixer geben und fein pürieren. Den Smoothie auf Gläser verteilen und servieren.

4. Roter Smoothie

4 Orangen
200 g Erdbeeren
2 Rote Beten (vorgekocht, vakuumverpackt)
100 g Sojaghurt
1 EL Agavendicksaft

Orangen schälen und in Schnitze teilen. Erdbeeren putzen. Rote Beten zerkleinern. Alle Zutaten mit 100 ml Wasser in einem Mixer pürieren. Den Smoothie auf Gläser verteilen und servieren.

Besondere Anlässe

»Mit unserem neuen Zuhause haben wir uns den Traum eines grünen Eilands mitten in der Stadt erfüllt. Unser Garten ist klein, aber es gibt alles, was das Kinderherz begehrt – vom Buddelkasten bis zum Trampolin. Nachmittags kommen fast täglich kleine Gäste vorbei und ich genieße es, die Bude voller Leben zu haben.

Auch Johannes ist am glücklichsten, wenn er alle geliebten Menschen um sich herum versammelt hat. Deshalb gibt es kaum einen feierlichen Anlass, den wir nicht mit einer großen Party zelebrieren. Ob Geburtstage, Weihnachten oder Halloween – wir lieben es einfach, Gäste zu bewirten. Und wenn sie sich so wohlfühlen, dass sie komplett die Zeit vergessen und gar nicht mehr nach Hause wollen, ist das für uns das schönste Kompliment.«

»Ich bin keine große Tortenbäckerin, denn dabei muss man sehr präzise und sauber arbeiten. Ich lebe in der Küche aber gern das kreative Chaos aus und achte weniger auf eine akkurate Optik. Für die Erdbeer-Kokos-Torte mache ich eine Ausnahme, aber auch an ihr kann man meinen Stil gut erkennen. Etwas wuselig und durcheinander, aber dafür mit ganz viel Liebe und viel natürlichem Geschmack.«

Erdbeer-Kokos-Traum

Zutaten
Für den Teig
1 Vanilleschote
100 g Vollkorn-Dinkelmehl
100 g gemahlene Mandeln
2 TL Weinsteinbackpulver
2 Eier (M)
150 g Vollrohrzucker
30 g Apfelmus (ungesüßt)
50 g Mandelmus
50 ml kohlensäurehaltiges Mineralwasser
100 ml Mandeldrink (ungesüßt)

Außerdem
Öl für die Form
500 g Erdbeeren
50 g Schoko-Brotaufstrich (siehe Seite 24)

Für die Creme
5 EL Vollrohrzucker
1 Bio-Zitrone
100 g Kokosflocken
100 g Quark
200 g cremige Kokosmilch

KINDER-LEICHT

Zubereitung
DEN BACKOFEN auf 180° vorheizen. Eine Springform (18 cm ⌀) mit etwas Öl einfetten. Für den Teig Vanilleschote längs halbieren und das Mark herauskratzen. Mehl, Mandeln, Backpulver und Vanillemark in einer kleinen Schüssel mischen. Eier und Zucker schaumig schlagen. Apfelmus, Mandelmus, Mineralwasser und Mandeldrink zur Eiermasse geben und verrühren. Die feuchten und die trockenen Zutaten vermengen und zu einem glatten Teig verarbeiten. Den Teig in die Form füllen und im Ofen auf der mittleren Schiene 25 Min. backen, dann auskühlen lassen.

FÜR DIE CREME in der Zwischenzeit Zucker in einem Mixer zu Puderzucker mahlen. Zitrone heiß waschen, abtrocknen und die Schale abreiben. Die Zitrone dann halbieren und auspressen. Zitronenabrieb und -saft mit den anderen Zutaten für die Creme vermengen.

ERDBEEREN waschen, putzen und 250 g in feine Scheiben schneiden. Den abgekühlten Tortenboden horizontal halbieren. Schokoaufstrich auf dem unteren Tortenboden verstreichen. Erdbeerscheiben darauf verteilen. Vorsichtig mit 2–3 EL Kokoscreme bestreichen. Den zweiten Tortenboden auflegen und die Torte mit der restlichen Creme umhüllen. Die Torte für 2 Std. kalt stellen und anschließend mit den restlichen Erdbeeren garnieren.

Für 8 Stücke
Zubereitungszeit: 1 Std.
Backzeit: 25 Min.
Kühlzeit: 2 Std.
Pro Stück: ca. 525 kcal, 11 g E, 32 g F, 47 g KH

Fingerfood-Variante:

Die Torte lässt sich auch wunderbar als Finger-
food zubereiten: Dafür die Zutatenmengen halbieren, aus den fertigen Pfannkuchen mit einem Glas Kreise ausstechen und belegen. Für
die Stabilität kannst Du Zahnstocher oder
Fähnchen-Sticks verwenden.

»Kindergeburtstage sind für ernährungsbewusste Mütter eine Nervenprobe. Sahnetorten, Pudding und Süßigkeiten, so weit das Auge reicht. Und die Eltern wundern sich dann, dass ihre Kinder schon nach kurzer Zeit am Rad drehen. Natürlich kann man Kindern zu besonderen Anlässen etwas Besonderes gönnen, aber das muss nicht zwangsläufig Zuckerkram im Übermaß sein. Diese herzhafte Pfannkuchentorte sieht hübsch aus und schmeckt ganz wunderbar.«

Pfannkuchentorte

Zutaten
Für den Teig
200 g Buchweizenmehl
3 Eier (L)
500 ml Sojadrink (ungesüßt)
2 EL Sesampaste (Tahin)
Meersalz
frisch geriebene Muskatnuss

Für die Füllung
1 Zucchino
2 Paprika (rot und gelb)
3 EL Olivenöl
Meersalz
1 Knoblauchzehe
500 g Baby-Blattspinat
300 g Sojaghurt
100 g Sesampaste (Tahin)
50 g Mandelblättchen

Außerdem
etwas Kokosöl für
 die Pfanne
1 Spiralschneider

KINDERLEICHT

Zubereitung
DEN BACKOFEN auf 200° vorheizen. Zucchino waschen und längs halbieren. Aus einer Hälfte mit dem Spiralschneider Nudeln schneiden. Die andere Hälfte in feine Scheiben schneiden. Paprika waagerecht halbieren, Trennwände und Kerne entfernen, Hälften waschen und in Kreise schneiden. Das Gemüse auf zwei mit Backpapier ausgelegte Backbleche legen. Mit 2 EL Olivenöl beträufeln, salzen und im Ofen auf der mittleren Schiene ca. 15 Min. backen.

FÜR DEN TEIG alle Zutaten mit je 1 Prise Salz und Muskat verquirlen. Teig für 15 Min. kalt stellen, dann noch mal durchrühren. Kokosöl erhitzen und bei mittlerer Hitze 10–12 Pfannkuchen darin backen. Die Pfannkuchen mit Backpapier voneinander getrennt aufstapeln.

KNOBLAUCH schälen und fein hacken. Spinat waschen und abtropfen lassen. Sojaghurt, Knoblauch, ½ TL Salz und übriges Öl vermengen. 1 kalten Pfannkuchen mit Sojaghurt bestreichen und mit Spinatblättern belegen. Den nächsten Pfannkuchen darauflegen, mit Sesampaste bestreichen und mit Zucchinischeiben belegen. Den nächsten mit Sojaghurt bestreichen und mit Paprika belegen. So fortfahren, bis alle Pfannkuchen und das Gemüse verbraucht sind. Den obersten Pfannkuchen mit dem restlichen Sojaghurt bestreichen. Mandelblättchen anrösten. In die Tortenmitte ein Nest aus Zucchininudeln legen und mit Mandelblättchen garnieren.

Für 10 Portionen
Zubereitungszeit: 1 Std. 15 Min.
Pro Portion: ca. 305 kcal, 13 g E, 20 g F, 17 g KH

Österliche Hasenpopos

Zutaten

Für den Teig

250 g Dinkelmehl Type 630
50 g Kokosmehl
1 TL Weinsteinbackpulver
1 TL gemahlene Vanille
Salz
1 TL Zimtpulver
2 mittelgroße Möhren (ca. 100 g)
50 ml Sonnenblumenöl
50 ml Ahornsirup
200 ml Mandeldrink (ungesüßt)
50 g Apfelmus (ungesüßt)

Für das Frosting

1 Bio-Zitrone
100 g fettarmer Frischkäse
50 g Joghurt

Für die Verzierung

100 g weißes Mandelmus
100 g Kokosraspeln
1 Apfel
24 Mandelblättchen
20 g Aprikosenmarmelade

Außerdem

12er-Muffinform
Kokosöl für die Form

Zubereitung

DEN BACKOFEN auf 180° (Umluft) vorheizen. Die Muffinform mit Öl einfetten. Für den Teig beide Mehle, Backpulver, Vanille, 1 Prise Salz und Zimt in einer Schüssel vermengen. Möhren schälen und fein raspeln. Möhren, Öl, Ahornsirup, Apfelmus und Mandeldrink in einer zweiten Schüssel mischen. Dann die feuchten mit den trockenen Zutaten zu einem homogenen Teig verarbeiten. Teig in die Form füllen und im Ofen auf der mittleren Schiene ca. 20 Min. backen. Abkühlen lassen. Die Muffinböden ca. 2–3 cm hoch abschneiden. Restliche Muffinstücke im Mixer fein zerbröseln.

FÜR DAS FROSTING Zitrone heiß waschen, abtrocknen und Schale abreiben. Zitrone dann halbieren und auspressen. Zitronenabrieb und drei Viertel des Zitronensafts mit Frischkäse und Joghurt vermengen. Das Frosting mit den Kuchenbröseln mischen und für 15 Min. in den Kühlschrank stellen. Anschließend aus der Mischung kleine Hasenschwänzchen formen. Muffinböden mit Mandelmus bestreichen und die Schwänzchen daran befestigen. Sollte das Mus zu zäh sein, kurz im Wasserbad erwärmen. Die Schwänzchen ebenfalls mit Mandelmus bestreichen. Alles großzügig mit Kokosraspeln bestreuen und 30 Min. kalt stellen.

IN DER ZWISCHENZEIT den Apfel waschen, entkernen und vierteln. Die Viertel in schmale Scheiben schneiden, diese für die Hasenohren halbieren und mit dem restlichen Zitronensaft beträufeln. Die Hasenpopos aus dem Kühlschrank nehmen. Mandelblättchen am unteren Rand mit Marmelade bestreichen und an die Popos kleben. Mit den Apfel-Ohren genauso verfahren. Bei Bedarf zum Schluss noch ein paar weitere Kokosraspel aufstreuen.

KINDER-LEICHT

Für 12 Stück
Zubereitungszeit: 1 Std.
Backzeit: 20 Min.
Kühlzeit: 45 Min.
Pro Stück: ca. 275 kcal, 6 g E, 17 g F, 23 g KH

Party-Kartoffelsalat

VEGAN

Zutaten

1 kg festkochende Kartoffeln
Meersalz
150 g Zuckerschoten
2 Frühlingszwiebeln
1 Bund Schnittlauch
½ Bund Minze
½ Limette
350 g Sojaghurt
2 EL Leinöl
weißer Pfeffer
40 g Cashewkerne

Zubereitung

DEN BACKOFEN auf 220° vorheizen. Kartoffeln in Salzwasser bissfest kochen. Zuckerschoten waschen, putzen, in Rauten schneiden und auf einem mit Backpapier ausgelegten Backblech verteilen. Im Ofen auf der mittleren Schiene 15 Min. backen.

FRÜHLINGSZWIEBELN waschen, putzen und in dünne Ringe schneiden. Schnittlauch und Minze waschen. Schnittlauch in Röllchen schneiden, Minze grob hacken. Limette auspressen. Frühlingszwiebeln, Sojaghurt, Öl und Limettensaft in einem Mixer pürieren. Schnittlauch und Minze hinzugeben und noch mal 1 Min. mixen. Mit 1½ TL Salz und ½ TL Pfeffer würzen.

KARTOFFELN mit Schale in Stücke schneiden und mit den Zuckerschoten mischen. Das Dressing darüber geben und alles gut vermengen. Cashewkerne grob hacken, in einer beschichteten Pfanne anrösten und über den Salat streuen.

KINDERLEICHT

Für 8 Portionen
Zubereitungszeit: 45 Min.
Pro Portion: ca. 155 kcal, 5 g E, 6 g F, 19 g KH

Wassermelonen–Kokos–Bowle

VEGAN

Zutaten

1 Wassermelone (ca. 2 kg)
500 ml Kokoswasser
500 ml kohlensäurehaltiges
    Mineralwasser
Eiswürfel
2 Bio-Limetten
1 Bund Minze

KINDERLEICHT

Zubereitung

VON DER WASSERMELONE einen Deckel abschneiden und die Melone aushöhlen. Fruchtfleisch in einem Mixer pürieren. Melonenpüree durch ein feines Sieb passieren und in die ausgehöhlte Schale zurückgießen. Mit Kokoswasser, Mineralwasser und Eiswürfeln auffüllen. Limetten waschen, vierteln und in die Melone geben.

MINZE waschen, Blätter abzupfen und ebenfalls zur Bowle geben. Große Strohhalme in die Melonenschale stecken oder die Bowle mit einer Kelle in Gläser abfüllen.

Für 10 Portionen
Zubereitungszeit: 30 Min.
Pro Portion: ca. 45 kcal, 1 g E, 1 g F, 10 g KH

Halloween-Kürbisse

VEGANER BLOG-LIEBLING

Zutaten

200 g getrocknete Aprikosen
150 g Cashewkerne
50 g Mandelstifte
1 TL gemahlene Kurkuma
2 EL gepuffter Amarant
frische Minzblättchen

KINDERLEICHT

Zubereitung

APRIKOSEN mindestens 1 Std. in Wasser einweichen. Dann abgießen und mit Cashewkernen und Mandelstiften in einem Mixer zu einer homogenen Masse verarbeiten. Kurkuma und Amarant dazugeben und noch mal mixen, bis alles gleichmäßig vermengt ist.

Aus der Masse zehn Kürbisköpfe formen und mit einem Spieß vorsichtig Münder und Augen einritzen. Minze waschen und die Kürbisköpfe mit Minzblättchen garnieren.

Für 10 Stück
Zubereitungszeit: 25 Min.
Quellzeit: 1 Std.
Pro Stück: ca. 170 kcal, 5 g E, 9 g F, 16 g KH

Zimtsterne

VEGAN

Zutaten

Für den Teig

200 g getrocknete Apfelscheiben
100 g gemahlene Haselnusskerne
1 EL Zimtpulver

Für das Frosting

100 g Cashewkerne
2 EL Kokosöl
4 EL Ahornsirup
Meersalz

KINDER-LEICHT

Außerdem

1 Ausstecher (Stern)

Zubereitung

CASHEWKERNE für das Frosting mindestens 2 Std. in warmem Wasser einweichen. In der Zwischenzeit für den Teig die Apfelscheiben in einem Mixer zerkleinern. Mit Haselnüssen und Zimt in einer Schüssel vermengen. Langsam etwa 1–2 EL Wasser hinzugeben. Den Teig mit einem Nudelholz dünn ausrollen und mit dem Ausstecher Plätzchen ausstechen. Den Backofen auf 50° (Umluft) vorheizen.

KEKSROHLINGE mit Abstand auf ein mit Backpapier ausgelegtes Backblech legen und im Ofen auf der mittleren Schiene ca. 45 Min. backen.

KOKOSÖL in einem Topf bei geringer Hitze flüssig werden lassen. Cashewkerne abgießen und im Mixer pürieren. Mit Kokosöl, Sirup und 1 Prise Salz gleichmäßig vermengen. Das Frosting auf die Zimtsterne streichen und trocknen lassen.

Für ca. 25 Stück
Zubereitungszeit: 45 Min.
Quellzeit: 2 Std.
Backzeit: 45 Min.
Pro Stück: ca. 80 kcal, 1 g E, 5 g F, 7 g KH

Bewusst leben mit Spiel und Spaß

Kinder spielen, um zu lernen. Diese großartige Eigenschaft, die die Natur ihnen mitgegeben hat, kannst Du nutzen, um sie mit Freude an gesunde Ernährung heranzuführen. Ich habe hier einige Ideen für Dich gesammelt, die Du ohne großen Aufwand in den Alltag integrieren kannst. So bringst Du Deinen Kindern mit Spaß bei, woher unsere Lebensmittel stammen, wer sie produziert und was man aus ihnen machen kann.

Einkaufszettel malen

Schaut gemeinsam in den Kühlschrank und überlegt, was eingekauft werden muss. Anstatt nun einen Einkaufszettel zu schreiben, kann Dein Kind mit Deiner Unterstützung die einzelnen Lebensmittel aufmalen. So kann es beim Einkauf selbst danach suchen und Dir richtig prima zur Hand gehen.

Das Regenbogen-Spiel

Dieses Spiel zeigt Deinem Kind, wie schön und bunt unsere Natur ist. Die Aufgabe ist es, in jeder Farbe des Regenbogens ein Lebensmittel zu finden. Sprecht gemeinsam über das Aussehen, die Textur, den Geschmack und vielleicht könnt Ihr daraus zu Hause sogar einen leckeren Regenbogen-Salat zaubern.

Bauernhof-Ausflug

Fahrt am Wochenende auf einen Bauernhof in Eurer Nähe. Vielleicht kann Dein Kind auf dem Traktor mitfahren, die Tiere füttern oder den Bauern mit Fragen löchern. So erlebt es hautnah, wie Gemüse, Obst und Getreide angebaut werden, woher unsere Milch kommt und wer die Eier legt.

Die Welt entdecken

Was isst man in China oder Vietnam? Was mögen die Franzosen gern? Nimm Dein Kind mit in den türkischen Supermarkt, Asienladen oder ein anderes Spezialitätengeschäft. Es wird staunen, was es für ausgefallene Köstlichkeiten gibt. Sucht Euch etwas aus, was Ihr noch nie zuvor probiert habt, und genießt es gemeinsam.

WAS BRAUCHEN WIR?

TOMATE

Saisonkalender

In unserer Küche hängt eine Übersicht, auf der wir immer wieder nachschauen, welche Gemüse- und Obstsorten gerade Saison haben. Mit dem Saisonkalender erklären wir Johannes auch, warum man nicht das ganze Jahr über Orangen oder Kürbisse kaufen sollte. Wenn Du beim Basteln und Malen begabter bist als ich, könnt Ihr natürlich gemeinsam einen eigenen Saisonkalender entwerfen. Oder Ihr übernehmt einfach diesen.

FRÜHLING

März/April/Mai:

Champignons, Erdbeeren, Rhabarber, Spargel, Spinat

SOMMER

Juni/Juli/August:

Aprikosen, Auberginen, Beeren, Blattsalat, Blumenkohl, Bohnen, Brokkoli, Champignons, Erbsen, Gurken, Kartoffeln, Kirschen, Kohlrabi, Lauch, Mangold, Möhren, Paprika, Pfirsiche, Pflaumen, Radieschen, Rettiche, Rotkohl, Wassermelonen, Weißkohl, Zucchini, Zwiebeln

Ananas, Apfelsinen, Avocados,
Bananen, Clementinen, Granatäpfel,
Grapefruits, Ingwer, Kiwis, Zitronen

September/Oktober/November:

Äpfel, Birnen, Blumenkohl, Brokkoli,
Champignons, Fenchel, Kartoffeln, Kohl-
rabi, Kürbisse, Lauch, Möhren, Paprika,
Pastinaken, Radieschen, Radicchio, Rettiche,
Rosenkohl, Rote Beten, Rotkohl, Sellerie,
Tomaten, Trauben, Weißkohl, Wirsing,
Quitten, Zuckermais, Zucchini, Zwetschgen,
Zwiebeln

Dezember/Januar/Februar:

Äpfel und Birnen (aus Lagerung), Champignons, Chicorée, Feldsalat, Grünkohl,
Lauch, Pastinaken, Rosenkohl

Wochenplaner

Mama sein ist wunderschön, aber auch ganz schön anstrengend und zeitrau-
bend. Um Deinen Alltag optimal zu organisieren und in puncto Ernährung so
unkompliziert wie möglich zu gestalten, ist ein Wochenplan goldwert. Du
kannst damit Eure Mahlzeiten für die nächsten sieben Tage planen und gleich
alle Lebensmittel einkaufen, die Du benötigst. So vermeidest Du Zeitdruck
und Fehleinkäufe. Auf meinem Blog kannst Du Dir den Plan herunterladen.

EINKAUFEN

- ☐ ....
- ☐ ....
- ☐ ....
- ☐ ....
- ☐ ....
- ☐ ....
- ☐ ....
- ☐ ....
- ☐ ....
- ☐ ....
- ☐ ....
- ☐ ....

TO-DO-LISTE

- ☐ ....
- ☐ ....
- ☐ ....
- ☐ ....
- ☐ ....
- ☐ ....
- ☐ ....
- ☐ ....
- ☐ ....
- ☐ ....
- ☐ ....
- ☐ ....

Woche/Datum:
....

	FRÜHSTÜCK	MITTAGESSEN	ABENDESSEN	SNACKS
MO				
DI				
MI				
DO				
FR				
SA				
SO				

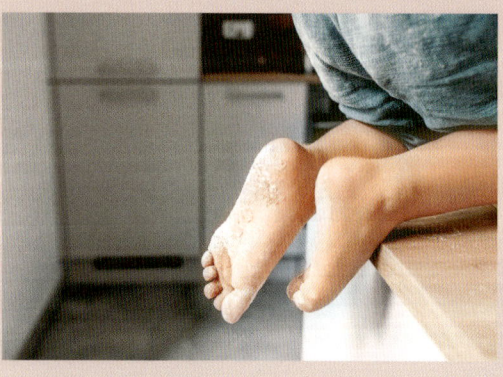

Danke

»Johannes – ohne Dich hätte es dieses Buch nie gegeben. Du warst und bist meine größte Inspiration, mein schärfster Kritiker und mein wichtigster Motivator. Dich mit leuchtend roten Wangen glücklich mampfend an unserem Esstisch sitzen zu sehen, ist für mich jeden Tag aufs Neue das Schönste. Die Arbeit an diesem Buch wurde mit Dir zu einem großen und lustigen Abenteuer. Danke, mein lieber Schatz.

David – Du wusstest schon immer, dass ich mal ein Buch schreiben werde. Als ich noch lachend darüber den Kopf geschüttelt habe, hast Du mir schon wissend zugenickt. In Deinen Augen kann ich alles erreichen und das stärkt mich Tag für Tag. Dass wir beide ein eingeschworenes, unerschütterliches Team sind, wurde mir in den vergangenen Monaten einmal mehr bewiesen. Du bist mein Fels, mein Motor, mein Sicherheitsnetz und mein Hafen. Ich liebe Dich.

Chiara – Du kleine Zauberin hinter der Kamera. Danke für Deine Engelsgeduld und dafür, dass Du trotz Deines Babybauchs auf unseren Tisch geklettert bist. Ein großes Dankeschön auch an Rocky, Mama, Basti, Clara, Kerstin, Marline, Ulrike, Doris und das Team der Domäne Dahlem, das uns die schönste Location zur Verfügung gestellt hat, die wir uns vorstellen können.

Last, but not least: Liebe Blog-Leserinnen und -Leser – danke, dass es Euch gibt. Dieses Buch ist für Euch!«

Register

Appetit auf mehr?

ISBN 978-3-8338-5885-7

ISBN 978-3-8338-4474-4

ISBN 978-3-8338-5014-1

ISBN 978-3-8338-6183-3

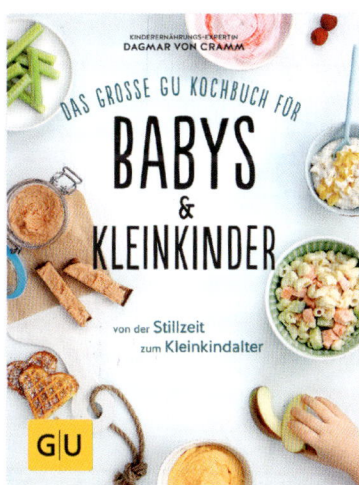

ISBN 978-3-8338-6261-8

ISBN 978-3-8338-4124-8

 Auch auch als eBook erhältlich.

Mehr von GU auf **www.gu.de** und
facebook.com/gu.verlag

Willkommen im Leben.

Impressum

© 2018 GRÄFE UND UNZER VERLAG GmbH, München Alle Rechte vorbehalten. Nachdruck, auch auszugsweise, sowie die Verbreitung durch Film, Funk, Fernsehen und Internet, durch fotomechanische Wiedergabe, Tonträger und Datenverarbeitungssysteme jeglicher Art nur mit schriftlicher Genehmigung des Verlages.

Konzept und Projektleitung: Marline Ernzer
Bildredaktion Marline Ernzer
Lektorat: Ulrike Geist, Berlin
Korrektorat: Jutta Friedrich
Innengestaltung und U4: Stefanie Wawer Grafik & Illustration, Münster
Cover: Independent Medien-Design, Horst Moser, München
Herstellung: Martina Koralewska
Satz: Christopher Hammond
Repro: Medienprinzen, München
Druck und Bindung: Firmengruppe APPL, aprinta druck, Wemding
Printed in Germany

ISBN 978-3-8338-6432-2

1. Auflage 2018

GRÄFE UND UNZER

Ein Unternehmen der
GANSKE VERLAGSGRUPPE

DIE AUTORIN

Vanessa von Hilchen ist ausgebildete Ernährungsberaterin und Food-Bloggerin. Die junge Mutter bietet auf ihrem Blog www.kleinschmeckerin.com wertvolle Tipps rund um gesunde Ernährung sowie innovative Rezeptideen für Kleinkinder und die ganze Familie. Dabei schafft sie es, ihrem Sohn ohne Druck und strenge Regeln eine gesunde und bewusste Ernährungsweise vorzuleben. Vanessa lebt mit ihrem Ehemann David und ihrem gemeinsamen Sohn Johannes in Berlin.

DIE FOTOGRAFEN

Die authentische und liebevolle Bildsprache machen dieses Buch einzigartig und besonders. Während **Vanessa von Hilchen** die leckeren Rezepte kreiert, schön inszeniert und fotografiert, fängt **Chiara Doveri** mit ihrer Kamera den Zauber des Familienlebens von Vanessa, David und Sohn Johannes ein.

Wie danken der **Domäne Dahlem** für die wunderschöne Shootingkulisse.

BILDNACHWEIS

Alle Foodfotos: Vanessa von Hilchen, Berlin
Alle Peoplefotos: Chiara Doveri, Berlin
Cover: Chiara Doveri, Berlin

Syndication:
www.seasons.agency

Liebe Leserin, lieber Leser,

haben wir Ihre Erwartungen erfüllt? Sind Sie mit diesem Buch zufrieden? Haben Sie weitere Fragen zu diesem Thema? Wir freuen uns auf Ihre Rückmeldung, auf Lob, Kritik und Anregungen, damit wir für Sie immer besser werden können.

GRÄFE UND UNZER Verlag
Leserservice
Postfach 86 03 13
81630 München
E-Mail:
leserservice@graefe-und-unzer.de

Telefon: 00800 / 72 37 33 33*
Telefax: 00800 / 50 12 05 44*
Mo–Do: 9.00 – 17.00 Uhr
Fr: 9.00 – 16.00 Uhr
(* gebührenfrei in D, A, CH)

Ihr GRÄFE UND UNZER Verlag
Der erste Ratgeberverlag – seit 1722.

BACKOFENHINWEIS

Die Backzeiten können je nach Herd variieren. Die Temperaturangaben beziehen sich auf das Backen im Elektroherd mit Ober- und Unterhitze und können bei Gasherden oder Backen mit Umluft abweichen. Details entnehmen Sie bitte Ihrer Gebrauchsanweisung.

Die GU-Homepage finden Sie unter www.gu.de

www.facebook.com/gu.verlag